DER GARTEN VON
HIGHGROVE

DER GARTEN VON HIGHGROVE

S. K. H. DER PRINZ VON WALES UND CANDIDA LYCETT GREEN

Fotografiert von Andrew Lawson
und Christopher Simon Sykes

Aus dem Englischen übertragen von Wiebke Krabbe

BUSSE SEEWALD

Inhalt

Einleitung
von Seiner Königlichen Hoheit
Der Prinz von Wales   6

1 Das Anwesen   8

2 Der Blick aus dem Haus   36

3 Der Cottage-Garten   70

4 Wildblumenwiese
   und Gehölzgarten   94

5 Das Arboretum
   und der Ummauerte Garten   130

Anhang I
Organischer Gartenbau in Highgrove
von David Howard, Chefgärtner   162

Anhang II
Pflanzenlisten   164

Danksagung   170
Register   171

Einleitung

von Seiner Königlichen Hoheit Der Prinz von Wales

Ich werde oft gefragt, warum ich gerade Highgrove als Wohnsitz gewählt habe. Nachdem ich hier nun zwanzig Jahre lang lebe, bin ich zu der Überzeugung gekommen, dass der Grund wohl ein unbewusster Wunsch war, die bestehende, aber etwas konturlose Anlage zu verschönern und einen dem Haus angemessenen Rahmen zu schaffen. Ich hätte wahrscheinlich lange nach einem idealen Haus mit einem idealen Garten – wie viele es sich erträumen oder vorstellen – suchen können. Doch mir gefiel die Herausforderung, mit einer leeren Leinwand zu beginnen und zu versuchen, meine eigenen Träume für den Garten zu verwirklichen.

Ich erinnere mich, dass ich damals entsetzt war über die zunehmende Zerstörung der Landschaft im Namen des Fortschritts, vor allem in den 1960er und 1970er Jahren. Meilen lange Hecken wurden ausgerissen, uralte Wälder gerodet, Feuchtgebiete trocken gelegt, kalkige Wiesen umgepflügt, Chemikalien wurden exzessiv in Landwirtschaft wie Gartenbau eingesetzt. Ich hatte den Wunsch, die Landschaft zu heilen, ihre Wunden zu verbinden und sie wieder in ihre natürliche Form zu bringen. Vieles in der modernen Landwirtschaft und im Gartenbau schien wie ein erbitterter Kampf gegen die Natur, und ich hatte tief im Inneren das Gefühl, dass dies zu einer Katastrophe führen musste, weil uns die Natur letztlich nichts umsonst gibt. Aus diesen Gründen hatte ich den unwiderstehlichen Wunsch, im Einklang mit der Natur zu arbeiten und dabei auch die unvermeidlichen Grenzen der „Perfektion" zu akzeptieren, die der natürliche Gartenbau mit sich bringt.

Das Umsetzen von relativ vagen Vorstellungen in praktische, organische Arbeit war allerdings eine größere Herausforderung, als ich gedacht hatte. So dauerte es eine ganze Weile, bis ich erkannte, dass bestimmte Pflanzen- oder Baumarten widerstandsfähiger gegen Krankheiten sind und sich darum besser für ein organisches System eignen. Eine interessante Komplikation war auch der Umgang mit den Schneckenfraß-Schäden an den Funkien. Doch auf lange Sicht ist es ungemein befriedigend, die wohl tuende Wirkung auf die Vogelpopulation und die Bodengesundheit zu beobachten. Unter diesem Aspekt kann man sogar lernen, Unkräuter zu akzeptieren.

Nachdem ich das Prinzip der „Schnell-Lösungen" für Gartenprobleme aufgegeben hatte, begann ich zu entdecken, wie man statt dessen eine philosophische Sichtweise entwickeln kann. Nach und nach lernte ich, dass jedes Jahr anders ist und dass in zwei aufeinander folgenden Jahren selten die gleichen Probleme auftreten. Ich entdeckte auch die enormen Vorteile der Kompostierung zur Beseitigung von Gartenabfällen und war fasziniert von traditionellen Gartenbautechniken, die von den schnelllebigen Trends moderner Gartenbautechnologie sträflich vernachlässigt worden waren. Ich glaube, letztendlich lohnt es sich noch immer, sich an das in Jahrhunderten harter Arbeit erworbene Wissen über das Gärtnern mit der Natur – und nicht gegen sie – zu erinnern.

Während des gesamten Gestaltungsprozesses in Highgrove habe ich mich immer bemüht, ein sichtbares Bild dessen zu vermitteln, was ich tief in meinem Inneren fühle. Zwar sollte jeder Teil des Gartens seine eigene Atmosphäre haben, doch ich hoffte, dass sie alle in ihrer Gesamtheit ein großes Ganzes ergeben würden, das das Herz wärmt, die Seele nährt und das Auge erfreut. Aus diesem Grund war es mir so wichtig, einige Elemente zu integrieren, die den Garten in seiner Landschaft verankern. Hecken hatten dabei die Aufgabe, Form, Struktur und natürlich Windschutz zu geben. Aber auch lange Fluchten mit einem Blickfang – vielleicht einem Taubenhaus oder einer Säule am Ende einer Allee oder einem Gebäude, das durch eine Lücke zwischen Bäumen schimmert – waren für die Gesamtwirkung, die ich schaffen wollte, von Bedeutung. In dieser Hinsicht war mir das Genie von William Kent, das in Rousham oder Houghton zu erleben ist, eine wichtige Anregung, ebenso wie das von Lawrence Johnston in Hidcote. Vor allem ging es mir darum, eine intime Beziehung zwischen dem Haus und dem Garten herzustellen und dafür zu sorgen, dass jedes Fenster den Blick einfängt und festhält. Gerade die Lenkung des Blicks, die subtile Einladung zum Erkunden des Vorder- und Hintergrundes, ist eine faszinierende Herausforderung an jeden, der Haus und Garten zu einer nahtlosen Einheit zusammenfügen möchte.

Nachdem ich nun das Grundgerüst meines Gartens auf meine leere Leinwand gemalt habe, werde ich vermutlich den Rest meines Lebens zufrieden damit zubringen, die Details hinzuzufügen. Ich habe jetzt ein Stadium erreicht, in dem ich erkenne, wie viele Fehler ich bei der Entwicklung der Anlage gemacht habe, und versuche nun, sie zu berichtigen. Die Entwicklung eines Gartens hört nie auf. Wohin ich auch gehe, überall auf der Welt finde ich neue Anregungen. Selbst bei einem Spaziergang im Garten drängen sich die Ideen förmlich auf. Den Sonnenuhr-Garten habe ich schon umgestaltet, es ist nun ein schwarz-weißer Garten. Wer weiß, was die Zukunft aus ihm macht? Erst kürzlich habe ich einen Buchsbaumgarten entworfen, der den allzu optimistisch so genannten Schmetterlingsgarten ersetzt – und meine armen Gartenführer damit sehr verwirrt. Auch künftig werde ich mich sicher weiter mit der Suche nach einem optimalen Bewirtschaftungskonzept für den Garten und die Landwirtschaft beschäftigen, um soziale und ökologische Maßstäbe zu setzen, die vielleicht einmal denen nützen, die nach mir kommen und sich in einer Welt voll übermäßigen Drucks ungeahnten Anforderungen ausgesetzt sehen.

Es mag sonderbar klingen, aber ich danke Gott, dass er es mir bislang erspart hat, im Schatten unter einem von mir gepflanzten Baum zu sitzen und die Ergebnisse der letzten zwanzig Jahre anzuschauen. Es bereitet mir vielleicht die größte Freude, die Wirkung des Gartens auf all die vielen verschiedenen Menschen zu beobachten, die hierher kommen, um ihn zu sehen. Es macht mir Vergnügen, mit anderen zu teilen, was ich geschaffen habe und die Reaktionen der einzelnen Anlagen zu erleben. Wenn ich heute in meinem Garten spazieren gehe, dann fühle ich große Dankbarkeit für all die bemerkenswerten Menschen, die mir geholfen haben, dies alles zu schaffen.

Ganz besonders bin ich Paddy Whiteland verpflichtet, dem unwiderstehlichen und einzigartigen Iren, den ich als Teil von Haus und Garten geerbt habe. Ihm war nichts zu schwierig. Er konnte Dinge und Menschen aus dem Hut zaubern, und er war der loyalste Mensch, dem ich je begegnet bin. Mollie Salisbury und Miriam Rothschild hatten großen Einfluss, als ich mich noch am Anfang meiner organischen Entdeckungsreise befand, und sie zeigten mir eine neue Dimension des Lebens, für die ich ihnen immer dankbar sein werde. Vernon Russell-Smith gab mir ausgezeichnete Hinweise bei der Anlage des Gehölzgartens, während Rosemary Vereys außerordentliche Kompetenz in verschiedenen anderen Bereichen des Gartens von großem Wert war. Sir Roy Strong schließlich brachte seine Kunstfertigkeit im Formschnitt ein – mit atemberaubenden Ergebnissen.

Candida Lycett Green hat nicht nur ein ausgezeichnetes Auge für schöne Dinge und die Faszination des Eigenartigen, sie kennt auch den Garten, seit ich das erste Mal einen Fuß hinein gesetzt habe. Die gemeinsame Arbeit an diesem Buch gab uns Gelegenheit für viele angenehme Gespräche und Gartenspaziergänge.

Viele talentierte Menschen haben mir ihre Unterstützung gegeben und geholfen, meine große Leinwand mit Details zu füllen. Doch letztlich ist Highgrove mein ganz persönlicher Garten, und ich schätze mich glücklich, dass ich in meinem Leben dazu beitragen konnte, einen kleinen Winkel unseres alten Landes zu verschönern. Ich hoffe, es ist mir gelungen.

1 Das Anwesen

Der Garten von Highgrove hat eine herrliche Ausstrahlung. Das liegt an seinen so verschiedenen Stimmungen und Welten, und auch daran, dass er seit seiner Anlage in den frühen 1980er Jahren nach organischen Prinzipien gepflegt wird. Das ist heute mehr denn je spürbar. Vögel, Bienen und Schmetterlinge haben sich vermehrt, die Pflanzen gedeihen in organischem Kompost, die Gemüse sind schmackhaft, gesund und üppig. Highgrove ist ein kleines Ökosystem. Hier fühlt sich die Welt noch heil an. Der Prinz von Wales hat überzeugend bewiesen, dass es besser ist, Hand in Hand mit der Natur zu arbeiten, als gegen sie. Er mag ein Idealist sein, doch indem er intuitiv vorging, wurde er auch zum Visionär, dessen Blick auf künftige Generationen gerichtet ist. Es wird hundert Jahre dauern, bis der zerstörte Lebensraum der Wildblumenwiese wieder völlig gesund ist, und die neu

Rechts: *Vom Hauptportal fällt der Blick nach Osten auf die neugotische Kirche St. Mary's, die sich über die Cotswold-Dächer von Tetbury erhebt. Im Vordergrund grasen Aberdeen-Angus-Rinder.*

Unten: *Die dem Park zugewandte Ostfassade. North-County-Maultiere und schwarze Hebriden-Schafe halten das Gras kurz. Der Prinz ist Schirmherr des Rare Breeds Survival Trust.*

DAS ANWESEN

gepflanzten Bäume brauchen ein Jahrhundert bis zu stattlicher Größe, doch seine Geduld und seine Gartenleidenschaft kennen keine Grenzen. Wenn man den Prinzen überhaupt jemals ganz als Mensch erleben kann, dann hier in Highgrove.

Highgrove liegt nicht in dem von tiefen Tälern gefurchten, touristisch überlaufenen Bereich der Cotswolds, sondern in einem sanften, wenig beachteten Teil von Gloucestershire, das der Prinz sehr schätzt. Es ist eher untypisch für England. Die Landstraßen ziehen sich zwischen Hecken, Trockenmauern und flachen Wiesen hin und führen zu sanft-braunen Dörfern wie Shipton Moyne gleich hinter dem Hügel, dessen bescheidene Kirche ein verblüffend schönes Denkmal birgt. Dies ist eine Landschaft der versteckten Überraschungen.

Als Highgrove vor zwanzig Jahren zum Verkauf stand und der Prinz zum ersten Mal die Einfahrt entlang fuhr, verliebte er sich in diesen Ort. Es waren die große Libanonzeder, das Haus, die nahe gelegenen Ställe und der hoch aufragende Turm der Kirche von Tetbury jenseits des Parks aus uralten Bäumen, die ihm

Links und nächste Seite: *Von Südosten her sieht man die von Felix Kelly gestaltete Balustrade mit den dekorativen Urnen, die der Prinz dem schlichten Haus hinzufügen ließ. Wilde Margeriten und Hahnenfuß säumen die Einfahrt im Frühsommer.*

Unten: *Das Haus wurde zwischen 1796 und 1798 für John Paul Paul, einen örtlichen Landbesitzer, gebaut. Die Entwürfe stammen vermutlich von dem Maurer und Architekten Anthony Keck.*

DER GARTEN VON HIGHGROVE

Oben: *1896 wurde Highgrove durch einen Brand schwer beschädigt. Arthur Mitchell, der damalige Besitzer, ließ es prächtig, aber ungeschickt restaurieren und fügte einen großen Nordflügel hinzu.*

Links: *Highgrove, wie es der Prinz 1980 sah. Der nördliche Küchenflügel war schon in den 1960er Jahren erheblich verkleinert worden.*

DAS ANWESEN

ein Gefühl des Glücks vermittelten. Es gab einen verwahrlosten, ummauerten Garten mit einer blass roten Backsteinmauer hinter einem Strauchdickicht, altem Weideland und hohlen Eichen. Für den Prinzen war das Haus aus dem 18. Jahrhundert, das damals abweisend und streng aussah, und der öde Garten eine wunderbare Herausforderung.

Das Haus war zwischen 1796 und 1798 für den örtlichen Landbesitzer John Paul Paul gebaut worden. Die Entwürfe stammten vermutlich von dem Maurer und Architekten Anthony Keck. Ein Jahrhundert später erlitt High Grove, wie es damals hieß, bei einem Feuer schweren Schaden. Das gesamte Interieur ging in Flammen auf. 1896 ließ Arthur Mitchell das Haus prächtig, aber etwas ungeschickt restaurieren. Dabei ging die ursprüngliche Eleganz verloren, der Bau war etwas steif und plump. Die Familie Macmillan, die das Schloss zuletzt bewohnte, ließ den größten Teil des viktorianischen Nordflügels abreißen. Nur der Teil, in dem die Küche untergebracht war, blieb stehen. Er versteckt sich heute hinter einer Wand aus Eiben, Stechpalmen, Buchsbaum und dekorativ bis zum Dachfirst kletterndem Efeu. Der Haupttrakt des Baus wurde durch den Künstler Felix Kelly zu neuem Leben erweckt. Im Auftrag des Prinzen ersetzte er die glatte Steinbrüstung durch eine Balustrade mit dekorativen Urnen, fügte einen Ziergiebel hinzu und betonte die Pilaster. Die Pflanzen rings ums Haus, die inzwi-

Unten: *Aberdeen-Angus-Rinder grasen in der Lindenallee, die 1995 gepflanzt wurde. Die Allee ist nach dem mittäglichen Sonnenstand ausgerichtet.*

schen herangewachsen sind, brechen seine einst harten Konturen und binden es harmonisch in die Landschaft ein.

Beiderseits der sanft geschwungenen Einfahrt hat der Prinz bald nach seinem Einzug Linden gepflanzt. Im Sommer breitet sich unter ihnen ein farbenprächtiger Teppich aus Wildblumen aus, der in die Blumenwiese im Westen übergeht. Wilde Margeriten, Mädesüß, gelbes Läusekraut, Schlüsselblumen, Mohn, Kornrade, Kornblumen und Ringelblumen verflechten sich zu einem bezaubernden Begrüßungsbild.

Vom Haupteingang aus hat man einen herrlichen Blick über den Park auf die schöne neugotische Kirche St. Mary's, deren Turm sich seit 1893 über die verwinkelten Kalksandsteindächer des Marktstädtchens Tetbury erhebt. Für diesen Blick sorgte Hamilton Yatman, der damalige Besitzer von Highgrove. Er trug die Kosten für die Restaurierung des Kirchturmes, zu Ehren Gottes und als Denkmal für seinen Sohn William, „unter der Bedingung, dass er und seine Erben und Nachkommen von Highgrove aus einen unverbauten Blick behalten." Auf dem Friedhof liegt George John Whyte Melville begraben, ein Dichter und Romancier aus dem 19. Jahrhundert. Seine unsterblichen Zeilen „Ich gebe unumwunden zu, dass ich meine größten Freuden

Oben: *Schwarze Hebriden-Schafe grasen friedlich im Park.*

Unten: *Die Linden beiderseits der geschwungenen Einfahrt pflanzte der Prinz gleich nach seinem Einzug in Highgrove.*

Oben: *In den frühen 1980er Jahren sah man links neben der Einfahrt nur diese uralte Luccombe-Eiche.*

Pferden und Jagdhunden verdanke" erscheinen bereits im dritten Jahrhundert allwöchentlich auf dem Innentitel der Zeitschrift *Horse and Hound*.

Im Sommer ruhen Pferde im breiten Schatten der uralten Bäume im Middle Park, der sanft vom Haus weg abfällt. Da gibt es 200 Jahre alte Walnussbäume, Eichen und eine dreihundertjährige hohle Esche, die der Prinz besonders liebt. Er pflanzte junge Linden, Walnussbäume, Libanonzedern und viele andere Bäume um das Haus und im Park, in dem eine Herde schwarzer Hebriden-Schafe grast. Aberdeen-Angus-Rinder wandern gemächlich über die dahinter liegenden Weiden. Ihre Kuhglocken, die der Prinz aus der Schweiz und Italien mitbrachte, bimmeln vielstimmig in der Ferne.

Der Garten eröffnet viele Ausblicke auf die umgebende Landschaft – durch ein Fenster, das in die Eibenhecke geschnitten wurde und über die Wildblumenwiese. Farm und Garten gehen ineinander über, die Grenzen sind kaum zu erkennen. Als Dünger für den Garten wird selbst kompostierter Mist verwendet, und das kristallklare Wasser im Teich ist geklärte Highgrove-Gülle. Stolz erklärt der Prinz sein effizientes Brauchwasser-Ver-

DER GARTEN VON HIGHGROVE

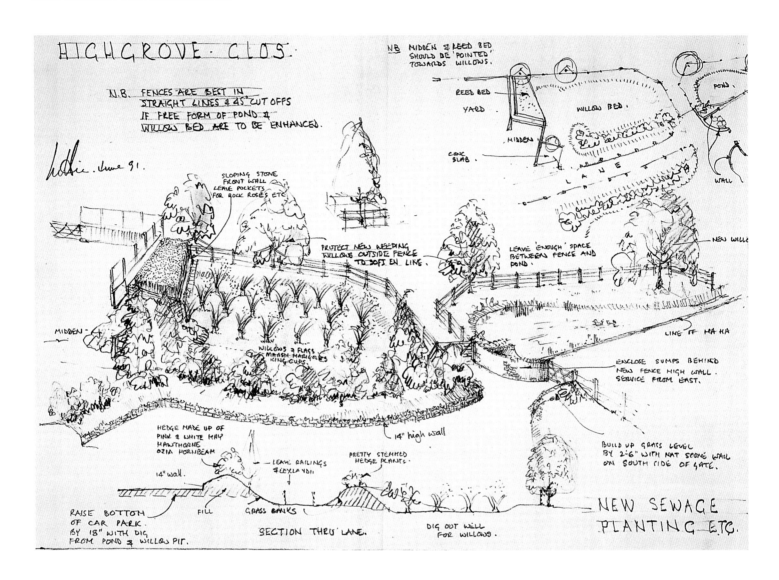

Oben: *Zeichnung des Architekten William Bertram, der für die Anlage des Klärgartens verantwortlich war. In diesem System wird das Abwasser zunächst in einer Grube mit Rindenhäcksel gesammelt, dann in Beeten mit Schilf und Weide gefiltert, um schließlich klar und sauber in einen Teich zu fließen.*

wertungssystem, das er seinen „Klärgarten" nennt. Zunächst fließt das Abwasser in eine mit Rinde gefüllte Grube, wird dann in Schilfbeeten gefiltert, fließt weiter durch Beete mit Weiden und Sumpfdotterblumen, um schließlich glasklar in den Teich zu gelangen. In den frühen 1990er Jahren wurden die Ufer mit Sumpfgewächsen bepflanzt, darunter blaue und gelbe Schwertlilien, Wasservergissmeinnicht, Blutweiderich, Wasserminze, Rohrkolbenschilf, Blumenbinsen, kleiner Teichsegge und Sumpfdotterblumen – alles Arten, die Libellen anlocken. Wasserwegerich und weiße Seerosen gedeihen in der Sumpfzone. In der Flachwasserzone findet man Wasserknöterich, gelbe Seerosen, Pfeilkraut und violette Iris. Froschbiss gedeiht in der mitteltiefen Zone, während in der Tiefwasserzone Tausendblatt, krauses Laichkraut und verschiedene Seerosen wachsen. Kaum waren die Pflanzarbeiten abgeschlossen, legten die Libellen ihre Larven im Teichwasser ab und vermehrten sich. Die Weiden im

Oben rechts: *Die Rückseite des neuen Rinderstalls, den William Bertram für den Prinzen entwarf. Im Vordergrund blüht eine Mischung aus Wildblumen.*

Rechts: *Verschiedene Körbe und Rankgerüste für Kletterpflanzen im Garten werden in Highgrove aus Weidenruten hergestellt und im eigenen Laden verkauft.*

DAS ANWESEN

Klärgarten werden alljährlich beschnitten, aus ihren Ruten werden Körbe für den Laden von Highgrove geflochten. Nach ihrem Besuch im September 1998 schrieb Una Black im Namen der *Upper Thames Protection Society:*

> Unser besonderes Interesse galt dem Schilfbeet-Klärsystem, das Ihr enthusiastischer und sehr hilfsbereiter Chefgärtner David Howard uns eingehend erklärte. Im Interesse des Flusses versuchen wir, Schilfbeet-Klärsysteme im oberen Themsetal anzuregen. Dazu stehen wir in Kontakt mit örtlichen Beratungseinrichtungen, Planungsbüros und Behörden und tragen die Idee bei jeder sich bietenden Gelegenheit vor. Nachdem wir das System von Highgrove gesehen haben, können wir unser Anliegen mit wesentlich größerem Nachdruck vertreten. Das Recycling von Schilf und Weiden ist, ebenso wie die Kompostierung und die Schaffung neuer natürlicher Lebens-

DER GARTEN VON HIGHGROVE

DAS ANWESEN

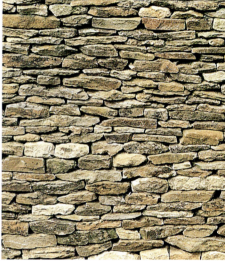

Links: *Seltene Apfelsorten aus der National Fruit Collection in Brogdale (Kent) wachsen in einem Lavendelbeet. Dahinter liegt der neue Rinderstall, gebaut mit Kalk, Ziegeln und Steinen von einem abgerissenen landwirtschaftlichen Gebäude in Dorset.*

Oben: *Teil einer kürzlich errichteten Trockenmauer.*

DER GARTEN VON HIGHGROVE

DAS ANWESEN

Ganz links: *Die Gartendesigner Julian und Isabel Bannerman erhielten vom Prinzen den Auftrag, eine Dekoration für die Säule am Ende der Lindenallee zu entwerfen. So entstand der Säulenvogel aus verzinktem und vergoldetem Stahl auf seinem Nest aus Eichenblättern und Palmwedeln.*

Links: *Eine Skizze von Isabel Bannerman für den Säulenvogel.*

Unten: *Die gusseiserne Säule, auf der der Vogel sitzt, stammt von der Fassade der alten Victoria Station in London.*

räume für unsere leider sehr dezimierte Wildfauna, weitere wichtige Anliegen, für die wir uns einsetzen.

Von der Hausfassade aus nach Nordosten, durch Tanner's Park und auf die Longfurlong Lane zu, hat der Prinz eine Lindenallee von fast einem Kilometer Länge gepflanzt. An ihrem Ende steht eine majestätische Säule, die beim Abriss der Londoner Victoria Station gerettet und dem Prinzen geschenkt wurde. Dieser gab Julian und Isabel Bannerman den Auftrag, eine Bekrönung zu entwerfen. Im April 1997 schrieben die Künstler:

> Wir sind noch einmal zu der Säule gegangen. Sie sieht wirklich fantastisch aus und ist beeindruckend hoch. Wir stellen uns etwas Großes als Bekrönung vor, etwa einen Reiher in doppelter Lebensgröße auf seinem Nest. Er könnte aus verschweißtem, winkligem und scharfkantigem Metall bestehen … jedoch vergoldet … wie ein Sinnbild des Fluges, etwa der Reiher im Moment der Landung.

Der Vogel, eine überlebensgroße Kreuzung aus Storch und Reiher, sieht hinreißend aus. Er sitzt auf einem Nest aus ineinander

DER GARTEN VON HIGHGROVE

verflochtenen Metallstäben, an die eiserne Eichenblätter und Palmwedel geschweißt wurden.

Von der Westseite des Hauses wird der Blick zur hinteren Einfahrt gelenkt und weiter zu einer anderen Lindenallee, die sich über eine „Big Plummer" genannte Grünfläche zieht. An ihrem Ende steht als Blickfang ein zauberhaftes Taubenhaus, entworfen von David Blissett. Seine ersten Entwürfe schickte er mit folgender Erklärung an den Prinzen:

> Die Materialien des Taubenhauses sind typisch für die Cotswolds – und vor allem robust und pflegeleicht. Das Dach besteht aus nach oben hin kleiner werdenden Cotswold-Schindeln und könnte durchaus von örtlichen Handwerkern gebaut werden, etwa denen, die das neue Cotswold-Steindach des *Royal Agricultural College* in Cirencester gedeckt haben ... Die Idee, eine überdachte Säulenvorhalle zu bauen, würde die Möglichkeit schaffen, eine schlichte Rundbank zu integrieren, sodass man am Taubenhaus sitzen und die Landschaft und die Tiere beobachten kann.

Das Taubenhaus, typisch für Landschaftsgärten des 18. Jahrhunderts, passt sich der Gartenanlage hervorragend an und wirkt heute, als sei es schon immer da gewesen. Ihr Wasser finden die Tauben im alten Kutschenwaschteich neben der hinteren Einfahrt. Der Teich war zugeschüttet und praktisch nicht mehr zu erkennen. Der Prinz ließ ihn wieder ausbaggern und erweckte ihn zu neuem Leben.

Unten links: *Zeichnungen des Architekten David Blissett für das Taubenhaus am Ende einer Lindenallee. Es bildet an der Westseite des Schlosses einen willkommenen Blickfang.*

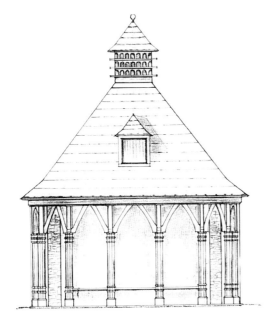
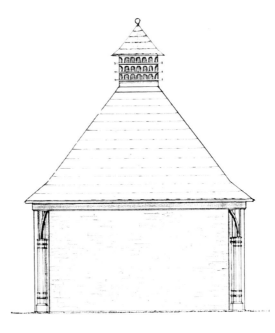

Oben: *Das Taubenhaus wurde in den späten 1980er Jahren zur Erinnerung an Sir John Higgs gebaut, einen hoch geschätzten ehemaligen Sekretär des Herzogtums Cornwall.*

Tudor Davies war fast 18 Jahre lang Constable bei der Polizei von Highgrove. Er hielt nicht nur die Augen nach Terroristen offen, sondern war auch begeisterter Naturfreund. Im Juni 1995 schrieb er an den Prinzen:

Mein neuestes Vorhaben ist das Sammeln der Exuvien von Libellen und Teichjungfern, die ich zur Identifikation an Mr. McKenzie Dodds schicke. Interessant ist die Frage, ob sich die Artenvielfalt vergrößert, wenn sich der Teich etabliert. Meine zweite Nachricht ist etwas schlechter. Der Taschenrekorder, den ich für meine Berichte über die Nistkästen und die natürlichen Nistplätze benutze, hat den Geist aufgegeben. Ich dachte, meine Bemerkungen über die Brutsaison seien sicher auf Band gespeichert, aber das sollte wohl nicht sein. Als ich den Bericht niederschreiben wollte, hörte ich nur absolute Stille. Es wird also leider für 1993 keinen Bericht über die Nistkästen

DER GARTEN VON HIGHGROVE

Oben: *Der alte Kutschenwaschteich war zugeschüttet, als der Prinz einzog. Er ließ ihn wieder ausbaggern und bepflanzte ihn mit Schwertlilien, Binsen und vielen anderen Pflanzen, die Libellen anlocken.*

Ganz rechts: *Die Polizei ist in Highgrove immer präsent. Hier radelt ein Constable die vordere Einfahrt entlang.*

geben. Im nächsten Jahr werde ich wieder den guten alten Bleistift, Füller und Notizblock benutzen. Zum Teufel mit der modernen Technik. Ich werde Sie über die Entwicklungen im Tierbestand auf dem Laufenden halten.

Seitdem haben Frösche, Kröten und Molche den Teich bevölkert, Constable Tudor entdeckte sogar einen Eisvogel. Man kann Weidenlaubsänger, Baumläufer, verschiedene Meisen, Wintergoldhähnchen, Waldkäuze und Zwergeulen beobachten, und die Luft ist erfüllt von Vogelgezwitscher.

Der Prinz hat Highgrove in einen idealen Lebensraum für heimische Tiere verwandelt. Überall auf dem Weideland und rund um den Garten ließ er Hecken, Grüngürtel und Gehölzstreifen anlegen, in denen sich neuerdings Wachteln angesiedelt haben. Eine Wiese mit dem Namen „Fourteen Acre", die seitlich der Straße nach Westonbirt liegt, trägt einen dichten Flor aus Rotklee, auf dem es an Sommerabenden von Schmetterlingen wimmelt. Junge Eichensetzlinge schießen in die Höhe, überall sind die Zeichen großer Fürsorge zu erkennen. Der Prinz hat das, was er predigt, stets selbst praktiziert. Als er hier einzog, setzte er das Räderwerk des organischen Garten- und Ackerbaus in Bewegung, obwohl dies der schwierigere Weg war. Der Giersch auf den Gartenwegen und der Ampfer auf den Wiesen wäre mit einer Portion Gift schnell verschwunden, Blumen und Feldfrüchte wären mit Kunstdünger schneller gewachsen. Und auch der konservative *Prince's Council,* der dem Herzogtum Cornwall vorsteht, zu dem auch Highgrove gehört, wäre wesentlich glücklicher gewesen. Der *Council* versuchte, den Prinzen von seinem organischen Projekt abzubringen, doch der Prinz setzte sich durch. Heute ist die Anlage über die Grenzen von Cornwall hinaus berühmt. Duchy-Original-Kekse, hergestellt aus Weizen von den Feldern Highgroves, werden weltweit verkauft, und die Lizenzgebühren fließen der *Prince of Wales Charitable Foundation* zu.

Gleich hinter der Mauer des Cottage-Gartens liegt neben dem Kutschenwaschteich mit seinen vielen Libellen der neue Obstgarten mit seltenen, sorgfältig gestutzten, krankheitsfreien Apfelbäumen – wie „First and Last", „London Pearmain" und

DAS ANWESEN

DER GARTEN VON HIGHGROVE

DAS ANWESEN

Links: *Mächtige toskanische Säulen tragen die Loggia an der vorderen Fassade des Orchard Room. Hier veranstaltet der Prinz Seminare, Empfänge, Dinner und Konzerte. Hier werden auch die Gäste der zahlreichen Organisationen untergebracht, denen er vorsteht.*
Rechts: *Charles Morris, der Architekt des Orchard Room, verwendete für den Bau im regionalen Stil vorwiegend Materialien aus der Umgebung.*

„Devonshire Buckland", alles Geschenke des *Brogdale Horticultural Trust.* Diese ehrenamtliche Gesellschaft besitzt die nationale Sammlung von Apfel- und anderen Obstbäumen. Unter den Bäumen wachsen verschiedene Lavendelsorten, die speziell zur Produktion von ätherischem Öl ausgewählt wurden. Die Pflanzen stammen von der *Norfolk Lavender Company.* Kurz bevor sich die Blüten öffnen, werden sie geerntet und zur Destillation nach Norfolk geschickt. Im Laden von Highgrove kann man das duftende Öl kaufen.

Charles Morris, Beauftragter für Norfolk, ist der Architekt des Orchard Room zwischen den Obstbäumen. 1997–1998 entstanden dient der Bau vor allem der Unterbringung von Gästen. Alljährlich lädt der Prinz, der verschiedenen Organisationen und Wohltätigkeitsverbänden vorsteht, Tausende von Menschen zu Dinners und Empfängen nach Highgrove ein. Das Hauptgebäude von Highgrove ist nicht sehr groß, und der neue Bau ersetzt das große Zelt, das früher ein fester Bestandteil des Parks oder Gartens war. Es ist ein sehr gelungener Bau in der Tradition der Arts-and-Crafts-Bewegung. Die wuchtigen toskanischen Säulen erinnern an die des alten Schweinestalls auf dem Gelände, aber auch an die Markthalle aus dem 17. Jahrhundert in Tetbury. „Es ist weder rustikal noch klassisch", sagt Charles Mor-

Oben: *Eine Zeichnung von Charles Morris für den Orchard Room.*

DER GARTEN VON HIGHGROVE

DAS ANWESEN

ris, „… sondern ein Landhaus von robuster Eleganz, jedoch mit einer gewissen Ordnung und Strenge." Das Baumaterial in verschiedenen Blassgold-Tönen stammt aus der Umgebung, und die Handwerker, die den Bau ausführten, wohnten entweder am Ort oder kamen aus Norfolk. Das Gebäude fügt sich gut in die Landschaft ein. Das sanft geneigte Dach fällt zu einem Gehölzstreifen am Rand von Tanner's Park hin ab. Der Orchard Room ist dem Andenken von Paddy Whiteland gewidmet, der fast fünfzig Jahre lang auf Highgrove arbeitete. In der Eingangshalle findet man sein Bildnis als Relief, gestaltet von Nick Cuff, einem Bildhauer aus Tetbury, der Paddy gut kannte. Es ist ein schönes Denkmal für das großartige irische Original, das dem Prinzen während seiner ersten Jahre auf Highgrove so viel Unterstützung gab.

Näher beim Haus scharren und gackern große, goldbraune Wellsummer- und braun-schwarze Maran-Hühner unter Bäumen und Sträuchern. Sie lieben diese Lichtung, in deren Mitte einer der schönsten Hühnerställe des Landes steht, mit kreuzförmigem Grundriss und kleinen Holzschindeln, entworfen von Richard Craven aus Shropshire. Ein Wildzaun aus gespaltenen Eichenstämmen bildet die Grenze. Die Pfähle haben unterschiedliche Höhen zwischen 90 und 180 cm. Diese Zaunform haben die Römer für Wildgehege erfunden, weil Rehe nicht über

Links: *Der Hühnerstall, in dem der Prinz Wellsummer- und Maran-Hühner hält, wurde von Richard Craven entworfen. Er hat ein Dach aus Zedernschindeln. Den Hahn aus verzinktem Stahl auf dem Dach schuf David Howarth.*

Rechts: *Der Prinz beschneidet die unteren Äste einer Linde im Garten.*

DER GARTEN VON HIGHGROVE

Links: *Die Hühner wohnen gut geschützt hinter einem Wildzaun, den Richard Bower entworfen hat. Bower baute auch alle anderen Zäune und Gatter in Highgrove aus Kastanien- und Eichenholz.*

Zäune mit gezackter Kontur springen. Richard Bower aus Winterborne Zelston in Dorset modifizierte den Wildzaun, um die Hühner vor Füchsen zu schützen. Eines Nachts beobachtete ein Polizist auf den Überwachungsmonitoren sage und schreibe sechs Füchse, die um den Hühnerauslauf strichen, doch kein einziger versuchte, den Zaun zu überwinden.

In der Nähe liegt das eigentliche Herz des Gartens, der Komposthaufen. Highgroves Chefgärtner David Howard behandelt ihn wie einen Altar, „… und man muss diesem Altar auch seinen ganzen Glauben schenken", sagt er. Howard wuchs in South Staffordshire auf und begann seine Laufbahn als Gärtnergehilfe auf Thorpe Hall, dem örtlichen Herrenhaus. Dann besuchte er das County College, um mehr über Gartenbau zu lernen. Das weitere Ausbildungsprogramm führte ihn in den Savill Garden im Windsor Great Park und später in die Gärten von Windsor Castle. Obwohl er damals erst siebzehn war, wusste er, dass er sein Leben der Gärtnerei widmen wollte. Nach seiner Ausbildung lernte er im Königlichen Botanischen Garten in Edinburgh weiter. Diese Zeit wurde zum entscheidenden

DAS ANWESEN

Links: *David Howard, der Chefgärtner von Highgrove, neben einem Komposthaufen. Das Geheimnis organischen Gartenbaus liegt darin, die Fruchtbarkeit der Erde zu erhalten, und dafür ist Kompost eine wesentliche Grundlage.*

Oben: *Laubmulch liegt im Schatten eines Baums am Rand des Parks. Abgestorbene Blätter werden niemals unter den Kompost gemischt, weil sie Tannine und Lignine enthalten.*

Wendepunkt. Zufällig sah er im Fenster eines Postamtes in Edinburgh eine winzige Karte mit dem Text „Gartenhilfe gesucht". Er bewarb sich und wurde bei seinem Vorstellungsgespräch von Elizabeth Murray nach Referenzen gefragt. „Nun, ich habe in Windsor Castle für die Queen gearbeitet", sagte er. Darauf antwortete sie: „Das ist ja schön und gut, aber was wissen Sie über organischen Gartenbau?" Es stellte sich bald heraus, dass sie die Sekretärin der regionalen *Soil Association* war, und durch sie lernte er den organischen Gartenbau kennen. Neben der praktischen Arbeit versorgte sie ihn mit wichtigen Büchern zu diesem Thema, wie *The Silent Spring*, *Small is Beautiful* und *The Living Soil*.

Als David Howard 1997 nach Highgrove kam, galt seine erste radikale Veränderung dem Komposthaufen. Seine Grundregeln sind ganz einfach, werden aber mit wissenschaftlicher Genauigkeit umgesetzt. So dürfen keine abgestorbenen Blätter unter den Kompost gemischt werden, weil sie Tannine und Lignine

DER GARTEN VON HIGHGROVE

DAS ANWESEN

Links: *Alle Werkzeuge werden gereinigt und geölt, ehe sie an ihren festen Platz im Werkzeugschuppen gehängt werden.*

enthalten. Das Herbstlaub wird in separaten Haufen aufgesetzt und verrottet zu traditionellem Laubmulch, der einen guten, nährstoffarmen Humus bildet. Holzige Bestandteile kommen nicht auf den Kompost, weil die Rotte zu lange dauert. Statt dessen werden sie geschreddert und dann als Mulch gegen das Unkrautwachstum verwendet. Brennnesseln sind willkommen, weil ihr hoher Nährstoffgehalt den Kompost anreichert. Rasenschnitt wird mit Stroh gemischt, um das Stickstoff-Kohlenstoff-Verhältnis auszugleichen. Mindestens einmal wöchentlich wird der Haufen übergeharkt. Ist eine Kompostmiete voll, wird sie zwölf Wochen lang mit alten Teppichen abgedeckt. Danach wird der Kompost in einer Ecke des Heuschobers eingelagert, bis er im Garten benötigt wird, wo er im Lauf der Zeit allen Bodenorganismen zu Gute kommt. In Bereichen, wo die Kompostschicht schon dick genug ist, konnten unterirdische Bewässerungssysteme entfernt werden. Wenn die Würmer erst einmal die Arbeit aufnehmen, hält der Kompost den ganzen Sommer lang Feuchtigkeit, wie heiß und trocken es auch sein mag.

Auch der Werkzeugschuppen ist eines von David Howards Heiligtümern. Griffe aus Plastik und Metall wurden zu Gunsten von Holz aus dem Garten verbannt. Die Griffe vieler Gerätschaften wurden eigens gefertigt von einem Handwerker, der sich auf Gartenwerkzeug spezialisiert hat. Alle Geräte sind perfekt ausgewogen, damit auch schwere Arbeiten leichter fallen. Mit einer gut ausgewogenen Grabgabel kann man ohne Rückenschmerzen umgraben, ist sie aber zu schwer oder zu unausgewogen, kann die Arbeit schon nach Minuten zur Qual werden. Alle Werkzeuge an den weiß gekalkten Wänden glänzen. Die Stahlteile sind gut geölt, alles ist in bestem Zustand und jederzeit einsatzbereit.

DER GARTEN VON HIGHGROVE

2 Der Blick aus dem Haus

Die Stille des Gartens von Highgrove bildet für den Prinzen einen wichtigen Gegenpol zu seinem öffentlichen Leben. Dies ist sein ruhiger Hafen – ein vertrauter und geliebter Ort, an den er sich zurückziehen kann. Das mag vielleicht für jeden Gärtner gelten, der ein geschäftiges Leben führt, doch dies ist kein gewöhnlicher Garten. Die Polizei ist immer präsent, vielleicht hängt in dem Baum, den man gerade bestaunt, eine versteckte Kamera, oder hinter der nächsten Hecke spricht ein Polizist in sein Handy. Zudem hat der Prinz seit den 1980er Jahren verschiedenen Gruppen gestattet, seinen Garten zu besichtigen – örtlichen Wohltätigkeitsvereinigungen, Frauenverbänden oder Gartengesellschaften. Ursprünglich war das nur in kleinem Rahmen, doch heute kom-

Rechts: *Der Blick durch die Glastüren der Halle nach Westen. Der Entwurf für den Mühlsteinbrunnen ist ein Gemeinschaftswerk des Prinzen und des Bildhauers William Pye. Er liegt in der Mitte des Terrassengartens und lenkt den Blick über den Thymianweg zum Taubenhaus in der Ferne.*

Links: *Die Westfassade des Hauses ist vom Garten umschlossen und von der gewaltigen Libanonzeder beschattet.*

DER GARTEN VON HIGHGROVE

men alljährlich 250 Besuchergruppen, etwa von der *Jerusalem Botanical Garden Group*, der Epsom-Gruppe der *Soil Association*, der *Birmingham Organic Gardener* oder des *Prague Heritage Trust*. Drittens sorgen die vielen öffentlichen Pflichten des Prinzen für einen stetigen Strom von Geschenken. Da kommen ganze Sammlungen von Apfelbäumen und Farnen, Statuen oder Bänken aus allen Erdteilen. Vieles davon muss schon aus diplomatischen Gründen gepflanzt oder aufgestellt werden, sodass der Garten stellenweise ekklektisch und exzentrisch wirkt. Und schließlich bekommt der Prinz unglaublich viele Ratschläge – von wohlmeinenden Besuchern wie von Experten. In diesem verwirrenden Dschungel aus „Oh, Sie müssen dies pflanzen!" und „Warum haben Sie das nicht gepflanzt?" hat er dennoch seinen eigenen Kurs beibehalten. Als Sir Simon Hornby, Präsident der *Royal Horticultural Society*, kürzlich die Kletterrosen ‚Blairi Number Two', ‚Emily Gray', ‚Long John Silver', ‚Madame Caroline Testout', ‚Gloire de Dijon', ‚Zéphirine Drouhin', ‚Rêve d'Or' und ‚Pink Perpetue' empfahl, wusste der Prinz sofort seine Vorlieben. Zwanzig Jahre früher hätten die Namen ihm nichts gesagt.

Oben: *Der Hund Tigga beobachtet von seinem Lieblingsplatz aus die Einfahrt. Rostrote Reben (Vitis coignetiae), Kreuzkraut (Senecio greyii) und Euphorbien ranken als Hintergrund für Rosen am Haus empor.*

Rechts: *Dass der Prinz Terrakotta-Gefäße liebt, ist überall im Garten zu erkennen. Die Arrangements, wie hier auf den zur Terrasse führenden Stufen, gestaltet er selbst.*

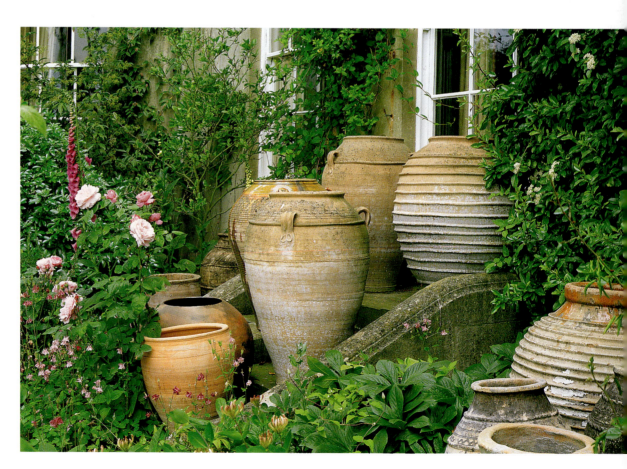

DER BLICK AUS DEM HAUS

Links: *Die Westfassade des Hauses beim Einzug des Prinzen. Damals gab es hier nur einen langweiligen Kiesweg mit Formschnitt-Eiben.*

Unten: *Die von William Bertram gestaltete Tür führt von der Terrasse zum Sonnenuhr-Garten, den der Prinz gleich nach seiner Ankunft in Highgrove anlegte. Im Kübel leuchten ‚Spring Green'-Tulpen.*

Als der Prinz zum ersten Mal nach Highgrove kam, konnte man kaum von Garten sprechen. Es gab einen Kiesweg um das Haus und riesige Rasenflächen, nur die majestätische Libanonzeder auf der Rückseite war ein Lichtblick. In edwardianischer Zeit hatten die Besitzer den westlich vom Haus wegführenden Kiesweg mit klobig beschnittenen Goldeiben eingefasst. „Damals wusste ich gar nichts", gibt der Prinz zu. „Ich weiß noch immer nicht viel, und wenn Lanning Roper nicht gestorben wäre, hätte er seine Gartenvision verwirklicht. Ich wollte ihn bitten, die Anlage zu gestalten. Dann stand ich plötzlich allein vor dieser leeren Leinwand." Der Prinz bat seine Freundin Lady Salisbury um Rat, weil er schon seit Jahren den organischen Gartenbau bewunderte, den sie in den 1950er Jahren in Cranborne eingeführt hatte. Sie war eine der energischsten Verfechterinnen der pestizid-freien Landwirtschaft. Als der Prinz sie 1981 um Hilfe bat, besaß sie dreißig Jahre Erfahrung im organischen Gartenbau und hatte zwei der berühmtesten Gärten Englands gestaltet: zuerst den in Cranborne in Dorset, dann den von Hatfield House, dem jakobäischen Schloss der Familie Cecil in Hertfordshire. Den Garten hatte John Tradescant, Chefgärtner

39

DER GARTEN VON HIGHGROVE

von Robert Cecil, dem ersten Grafen von Salisbury, im frühen 17. Jahrhundert geprägt. Als Lady Salisbury in den frühen 1970er Jahren Hatfield übernahm, studierte sie Tradescants Erbe gründlich. Ihre Kompetenz ist heute unumstritten.

„Was für eine Freude, einen neuen Garten zu planen! Es gibt kein vergleichbares Vergnügen (außer der Jagd)!" schrieb Lady Salisbury am 1. Dezember 1981 an den Prinzen, „… du wirst eine herrliche Zeit haben." Zwei Wochen später machten sich der Prinz und die Lady trotz heftiger Schneefälle daran, den neuen Garten anzulegen. Sie hatte vorgeschlagen, den Bereich, den heute der Sonnenuhr-Garten einnimmt, mit einer Hecke zu umfrieden und so einen windgeschützten Platz zu schaffen, in den sich der Prinz auch vor den Kameraobjektiven der Presse zurückziehen kann. „… Schnee und Eis waren kein Problem", schrieb Lady Salisbury am 15. Dezember. „Irgendwie erkennt man sogar das Skelett des Gartens besser… Es macht mehr Spaß, wenn man die Ergebnisse nicht sofort sieht, aber ich hoffe doch, dass ich keinen Sumpf angelegt habe. Die Hauptsache ist, seine Vorlieben und Ziele zu kennen."

Lady Salisbury hätte sich die rechteckige Fläche größer

Unten: *Die nordwestliche Ecke des Sonnenuhr-Gartens zeigt die stattliche Eibenhecke, die der Prinz und Lady Salisbury im Winter 1982 gepflanzt haben.*

DER BLICK AUS DEM HAUS

Oben: *An der Südfassade, die auf den Sonnenuhr-Garten blickt, ranken sich duftende Kletterpflanzen wie Blauregen, Geißblatt, Jasmin und Holboellia in die Höhe. Die Sonnenuhr war ein Hochzeitsgeschenk des Herzogs von Beaufort.*

gewünscht, um sie den Proportionen des Hauses besser anzupassen. Das war jedoch wegen der bereits installierten Sicherheitssysteme nicht machbar. Trotzdem sieht er heute bezaubernd aus. Die Eibenhecke, die zunächst mit einem Gatterzaun gestützt und zwei Mal jährlich mit gut verrottetem Stallmist gedüngt wurde, wuchs schnell – in guten Jahren mehr als dreißig Zentimeter. Innerhalb dieser Umfriedung bot sich eine gemäßigt formale und sehr englische Anlage wie von selbst an. Zuerst wurde direkt am Haus ein breiter Streifen gepflastert, auf dem der Prinz an sonnigen Morgen in Ruhe frühstücken kann. Dann bekam die Sonnenuhr ihren Platz. Sie war ein Hochzeits-

DER BLICK AUS DEM HAUS

Links: *Die ursprünglich vom Prinzen und Lady Salisbury gewählte Bepflanzung bestand aus Lavendel, hochstämmigem Geißblatt, Clematis, Duftrosen, Päonien, Iris und mehrjährigem Storchschnabel.*

Unten: *Der Garten entwickelt sich weiter. 1999 wurde die alte Bepflanzung beseitigt, nur die architektonischen Konturen blieben stehen. Vom Prinzen gestaltete Buchsbaumhecken wurden gepflanzt, und der morsche Holzbogen am Ende wurde durch eine eiserne Pforte ersetzt.*

Gegenüber: *Der Sonnenuhr-Garten ist von einer hohen Eibenhecke umschlossen, die die Privatsphäre schützen und vor allem die rauen Winde Gloucestershires abhalten soll. Der Gartenstuhl, Mai-Thron genannt, ist ein Geschenk von Simon Borvill, der ihn entwarf und fertigte.*

Links: *Die neue Bepflanzung ist ganz in Schwarz-Weiß gehalten. In seinem ersten Sommer war der Garten voll von schwarzblättrigen Dahlien ('Bishop of Llandaff'), deren rote Blüten ausgeknipst wurden. Daneben wachsen schwarze Gräser, schwarzstämmiger Hartriegel, schwarze Veilchen sowie Mohn und Akelei in Weiß. Im Frühling zeigen sich weiße Schneeglöckchen, gefolgt von schwarzen und weißen Tulpen.*

Nächste Seite: *Die Tulpensorte 'Queen of Night'.*

geschenk des Herzogs von Beaufort, hergestellt von Handwerkern des Badminton Estate. Die Uhr gab die Form des umrahmenden Steinkreises und der vier geschwungenen Beete vor. Unterteilt wird der Garten durch Rasenwege. Nach Süden hin führt ein Weg aus dem Garten heraus und lenkt den Blick über die Wiese zum versteckten Ummauerten Garten und in die Ferne.

Der Prinz bestand darauf, die Blumenbeete mit altmodischen, duftenden Pflanzen zu füllen, weil für ihn der Duft einem Garten seine besondere Qualität gibt. „Ich wollte etwas für jede Jahreszeit haben", erinnert sich Lady Salisbury. „Im Frühling blühten Tuberosen, Stiefmütterchen und Zwergiris, im Sommer Rosen und mehrjährige Stauden. Die Spätsommerbepflanzung hatte weniger Bedeutung, weil sich der Prinz um diese Jahreszeit selten in Highgrove aufhält." Die Beetkanten wurden mit Lavendel eingefasst, jede Ecke markiert ein beschnittener Buchsbaum.

Im Frühsommer quoll der Sonnenuhr-Garten von nostalgischen Pflanzen über: Geißblatt, alte Rosen und Lavendel. Nachdem Lady Salisbury Highgrove 1989 besucht hatte, schrieb sie:

> Es faszinierte mich, dass ich nicht mehr über die Hecken in den südlichen Garten hineinsehen konnte ... was ich in den vergangenen Jahren dort eingesetzt hatte, scheint ziemlich verwildert zu sein, vieles hat sich ausgesät – manches ist über seine beste Zeit hinaus, wie der Lavendel, der eine Verjüngung vertragen könnte. Ich glaube, mit einer neuen Bepflanzung könnte der Garten viel schöner aussehen ...

Fast zehn Jahre später, als die meisten Pflanzen ihre beste Zeit hinter sich hatten, überredete David Howard den Prinzen zu radikalen Veränderungen. Die alten Pflanzen wurden mit Stumpf und Stiel ausgegraben, nur die Eckpfeiler aus beschnittenem Buchs blieben stehen. Dann wurde reichlich Kompost eingearbeitet und das unterirdische Bewässerungssystem entfernt. Im Frühling 1999 wurde ein ganz neuer Garten gepflanzt. Er ist vom Kontrast von Schwarz-Weiß geprägt und entfaltet seine Pracht schon im Februar mit den gefüllten weißen Schneeglöckchen unter Hartriegel *(Cornus alba ‚Kesselringii')* mit schwarzpurpurnen Wintertrieben. Bis zum Oktober blüht es ohne Pause. Im April zeigen sich die schwarzen und weißen Tulpen ‚Queen of Night', ‚Black Parrot', ‚White Dream' und ‚White Tocoma'. Im Mai folgen weiße Narzissen mit grünem Auge in Töpfen, die Sommerbeete quellen über von Akelei, Mohn, Veilchen, alles in Weiß, schwarzen Gräsern, Malven und Angelika,

DER GARTEN VON HIGHGROVE

DER BLICK AUS DEM HAUS

Links: *Die Eingangstür im viktorianischen Stil wurde nach dem Brand von 1893 eingesetzt. Ringsherum ranken Rostrote Rebe (Vitis coignetiae) und Efeu ‚Paddy's Pride' in die Höhe. Greiskraut (Senecio greyii) und Rosmarin wachsen bis zum Kiesrand.*

schwarzstämmigem Hartriegel und der schwarzblättrigen Dahliensorte ‚Bishop of Llandlaff', deren rote Blüten ausgeknipst werden. Tipis aus violetten und weißlichen Weidenzweigen (*Salix daphnoides* und *S. alba*) dienen als Rankgerüste für *Clematis cartmannii*. An den Ecken ist die Bepflanzung symmetrisch, zur Beetmitte hin wird sie lockerer.

Als Lady Salisbury Highgrove im Juni 1999 mit einem Bus voller Museumsfreunde aus Hertfordshire besuchte, war sie von der Neugestaltung ihres ehemaligen Gartens begeistert und schrieb an den Prinzen: „Ich frage mich, ob du auch *Anthriscus sylvestris* ‚Ravenswing' und *Aquilegia* ‚William Guinness' in deinem schwarz-weißen Garten hast. Wenn nicht, könnte ich sie dir schicken." Besser als manch anderer verstand sie, dass Gärten sich ständig verändern.

An den Hausmauern wachsen noch heute viele der Lieblingspflanzen des Prinzen, die er und Lady Salisbury hier gesetzt hatten. Blauregen, Geißblatt, Jasmin und Holboellia klettern in die Höhe und duften um die Wette. Lilien und Thymian, Cistrosen, Winterblüten (*Chimonanthus praecox*), Schneeball (*Viburnum x bodnantense*), Orangenblumen (*Choisya ternata* ‚Aztec Pearl'), Greiskraut (*Senecio greyii*), Rosmarin, Duftschneeball (*Viburnum fragrans*), altmodische Bartnelken, Gartennelken, Strohblumen (*Helichrysum angustifolium*), Storchschnabel, Tabakblumen, Winteriris (*Iris unguicularis*), Krokusse und Tulpen lassen ihren Duft durch die offenen Fenster strömen. Kombiniert mit Euphorbien und Strauchveronika bilden diese Pflanzen einen lockeren Saum, der dem hohen Haus die Strenge nimmt. An der vorderen Fassade klettern Rostrote Rebe (*Vitis coignetiae*), die Rosen ‚Mermaid' und ‚Iceberg' sowie der Efeu ‚Paddy's Pride' empor. Ein massiver Terrakottakübel, der auf einem kleinen Rasenrund vor dem vorderen Portal steht, wird im Winter mit einer Eibenkugel bepflanzt, im Frühling und Sommer mit einer stets wechselnden Folge von blühenden Pflanzen. Die Pforte zum Park wird von zwei beschnittenen Ilexsträuchern flankiert.

Als der Sonnenuhr-Garten fertiggestellt war, schloss sich in logischer Folge die Bepflanzung der Westseite des Hauses an. Inzwischen hatte der Prinz seine Gartenpassion entdeckt und trieb das Vorhaben unermüdlich voran. Er wollte am Haus einen größeren Bereich schaffen, wo man im Sommer Stühle ins Freie stellen konnte. Gemeinsam mit Lady Salisbury entwickelte er den Plan. Ursprünglich waren Kiesel aus Chesil Beach in Dorset als Bodenbelag geplant, doch nach einiger Überlegung entschied man sich für Natursteinpflaster und andere Kiesel, verlegt von dem ortsansässigen Steinmetz Fred Ind, den der Prinz lobt:

> Seitdem ich nach Highgrove gekommen bin, waren die Dienste dieses großartigen Handwerkers ein wahrer Segen. Mit unglaublichem Geschick und Einfallsreichtum hat er sämtliche Steinwege, Terrassen und Steinmauern auf dem Anwesen gesetzt. Erst wenn man selbst einen Garten anlegt, versteht man, wie viel Arbeit dieses Fundament verursacht, auf dem der Gärtner dann aufbaut.

In der Mitte der Terrasse liegt ein flacher Brunnen, den der Prinz mit dem Bildhauer William Pye entworfen hat. Sein Wasser plätschert leise über einen großen Mühlstein, im umgebenden Becken liegen Kieselsteine, die der Prinz von fremden Stränden mit nach Hause gebracht hat. William Bertram, ein bekannter Architekt aus Bath, baute die beiden reizenden Pavillons, die an den hinteren Ecken dieser Terrasse liegen. An sie schließen sich niedrige Gartenmauern an, die diesem Bereich seine geschützte Atmosphäre geben. Als Pendants zu den Fenstern des Pavillons wurden Vierblatt-Gucklöcher in die dahinter liegenden Eibenhecken geschnitten. Die Fliesen in den Pavillons sind ein Entwurf des Prinzen. Sie sollen an die ringsum wachsenden Orangenblumen erinnern und wurden von dem amerikanischen Architekten Christopher Alexander gefertigt.

Als es Zeit wurde, die Beete rings um die Terrasse zu bepflanzen, hatte der Prinz begonnen, Gartenbücher zu durchstöbern. Halbe Sachen waren nie sein Stil, und er beschloss, möglichst viel zu lernen. Die große Magnolie, die am Haus aufragt und sich auch über das Pflaster ausbreitet, war bereits vorhanden. Seit der Prinz nach Highgrove kam ist sie beträchtlich gewachsen und verleiht dem Haus dekorativen Schutz. Alle anderen Pflanzen hat der Prinz ausgewählt. Sträucher und Rosen, dazu Frauenmantel, Mondviolen, wilde Erdbeeren, Mohn, Lavendel, Päonien, Zierlauch und Nelken zwischen den Pflastersteinen schaffen ein traumhaftes Ambiente. Orangenblumen, Greiskraut, Rosmarin und die Rambler-Rosen ‚Sander's White' und ‚Pearl Drift' zaubern herrliche Farbtupfer rings um die Terrasse, überall rankt Geißblatt. Beiderseits des südlichen und des nördlichen

Rechts: *Der Blick über die Terrasse zur zweihundertjährigen Libanonzeder und den dahinter liegenden Ställen. In diesen Anblick verliebte sich der Prinz bei seinem ersten Besuch in Highgrove.*

Unten: *Weitere Terrakottakübel, die der Prinz aus allen Teilen der Welt zusammengetragen hat.*

DER BLICK AUS DEM HAUS

Links: *Einer von William Bertrams „Pfefferstreuer-Pavillons" markiert die südwestliche Ecke der Terrasse. Alljährlich werden wechselnde Frühlingspflanzen in die Kübel gesetzt, darunter Veilchen, Narzissen, Veronika, Tulpen, Greiskraut und Buchsbaum.*

Unten: *Narzissen und Tulpen in einem Kübel auf der Terrasse.*

Links: *Primeln, Akelei und Alchemilla quellen im Frühling aus den Fugen des Terrassenpflasters, umgeben von Orangenblumen und Olearia.*

Eingangs zur Terrasse stehen Kegel aus portugiesischem Lorbeer in großen Terrakottakübeln und ergänzen das Gefühl der Umschlossenheit. Im Frühling sind sie reich mit Zwiebelgewächsen bepflanzt, im Sommer mit zarten Stauden wie Strohblumen (*Helichrysum petiolare* ‚Limelight'), Beifuß, Rhodochiton, den efeublättrigen Pelargonien ‚Tomcat' und Bacopa ‚Snowflake' sowie Margeriten (*Argyranthemum frutescens* ‚Chelsea Girl'). Dazu gesellen sich Helleboren und Wachsblumen in Töpfen. Datura und andere empfindliche Pflanzen überwintern im Gewächshaus. Beiderseits der Stufen, die von der mittleren Glastür des Hauses zur Terrasse herabführen, pflanzte der Prinz zwei Exemplare seiner Lieblings-Schneeballsorte *Viburnum carlesii* ‚Aurora'. Er gesteht, dass sein ursprünglicher Pflanzplan nicht ganz erfolgreich war. „Die Hälfte der Pflanzen ging ein, und die andere Hälfte war entweder zu groß oder zu klein für die Plätze, die ich gewählt hatte." Doch gerade der Zufallsfaktor macht diesen Garten so reizvoll und trägt dazu bei, dass ein überquellender, prächtiger und ganz zwangloser Garten entstanden ist, der – wie viele Dinge, denen sich der Prinz widmet – niemals zum Stillstand kommt. Stets möchte er etwas hinzufügen oder die bestehende Bepflanzung verbessern.

Oben: *Das Huhn aus Bronze, das an den Flechten auf der Einfassungsmauer der Terrasse pickt, war ein Geschenk zum 50. Geburtstag des Prinzen.*

Vom Haus hat der Prinz einen Blick über die Terrasse oder auf die großen Schattenflächen unter der Zeder mit den Vogelhäusern und dem großen Futtertablett, gestaltet nach Motiven eines chinesischen Lack-Paravents. Virginia Lyon, die Highgrove mit Mitgliedern des Weald and Downland-Freiluftmuseums besuchte, schrieb im Mai 1996: „Mir war es eine besondere Freude, so viele Vögel singen zu hören – vor allem Grasmücke und Zilpzalp – und einen großen Buntspecht an den Nüssen unter der Zeder zu beobachten." Unterhalb der hohen Erkerfenster liegt ein Hochbeet mit saurer Erde, das speziell für Azaleen und Rhododendren angelegt wurde. Diese Pflanzen würden sonst in dem alkalischen Boden von Highgrove nicht gedeihen. Der Prinz liebt Azaleen, besonders die duftenden Sorten erinnern ihn an glückliche Kindertage im Azaleengarten seiner Großmutter in der Royal Lodge im Windsor Great Park. Die Sammlung in Highgrove, zu der auch Hybriden wie ‚Blue Tit' und ‚Yellow Hammer' gehören, ist ein Geschenk von Edmund Rothschild, der in Exbury (Hampshire) Englands wohl berühmtesten Rhododendrongarten besitzt.

Vor der Terrasse lag ursprünglich eine freie Rasenfläche, doch der Prinz wollte hier eine doppelte Allee aus ineinander verschlungenen Weißbuchen, ähnlich der Lindenallee in Chatsworth, als Hintergrund für die Parade der Goldeibenkugeln bei-

DER BLICK AUS DEM HAUS

Rechts: *Aus den Glastüren in der Westfassade blickte man in den frühen 1980er Jahren nur auf Kies. Hier ließ der Prinz die Terrasse anlegen. Die Magnolia grandiflora muss schon über 100 Jahre alt sein.*

Unten: *Das Hochbeet mit saurer Erde beherbergt duftende Azaleen und Rhododendren wie ‚Blue Tit' und ‚Yellow Hammer'. Die Sammlung war ein Geschenk der berühmten Exbury-Gärten in Hampshire zur Hochzeit des Prinzen.*

Links: *Der Blick aus einem Schlafzimmer durch die Zweige der Zeder über die Terrasse auf den Thymianweg. Am Ende der Lindenallee steht das Taubenhaus als Blickpunkt. Kunstvoll beschnittene Goldeiben säumen den Weg, im Hintergrund stehen hochstämmige, akkurat beschnittene Weißbuchenhecken.*

DER GARTEN VON HIGHGROVE

DER BLICK AUS DEM HAUS

Links: *Schwer hängen die Zweige der Libanonzeder unter ihrer Schneelast über dem Anfang des Thymianwegs. Die architektonische Linienführung dieses Gartenbereiches, den der Prinz zusammen mit Lady Salisbury gestaltete, kommt im Winter erst richtig zur Geltung.*

Oben: *Von Sir Roy Strong stammen die faszinierenden Formschnittfiguren aus Eibe.*

Links: *Der Blick nach Norden über die Terrasse zur Zeder. Die Kübel sind von kompakten Hecken aus gestutztem Buchsbaum umgeben. Vier solcher Kübel bilden einen eindrucksvollen Blickfang.*

Unten: *Zwischen Weißbuchen stehen italienische Statuen.*

Ganz unten: *Sir Roy Strongs Entwurf für die Konturen der ursprünglich vom Prinzen und Lady Salisbury gepflanzten Eibenhecke.*

derseits des zentralen Weges. Dann kam er auf die Idee, die langen Rasenstreifen jenseits der Weißbuchen mit zwei Eibenhecken einzufassen.

Mollie [Lady Salisbury] und ich versuchten, die Konturen mit Maßbändern auszulegen. Aber wir hätten einen erfahrenen Helfer gebraucht. Die Linien waren krumm und schief, und als Roy Strong kam, um die Hecke nach Rosemary Vereys Vorschlägen zu schneiden, bekam er einen Anfall.

Im Juni 1989 hatte Sir Roy Strong, der selbst einen perfekten Formschnittgarten in Herefordshire besitzt, an den Prinzen geschrieben: „Ich wünschte, ich könnte Ihnen ein *Repton Red Book* schenken, doch ich hoffe, dass auch der Inhalt dieses Kästchens Ihnen im Hinblick auf die künftigen Möglichkeiten und Freuden der Hecken von Highgrove Vergnügen bereitet." Das Päckchen enthielt seine Pläne und Fotos von möglichen Formschnittfiguren. „Es ist leider ärgerlich, dass die ursprüngliche Eibenhecke nicht korrekt gepflanzt wurde." Außerdem beklagte er, dass die Weißbuchenalleen, angelegt in langen Rechtecken und in der Mitte von quadratischen Elementen unterbrochen, nicht mit den Bögen der Eibenhecke übereinstimmten:

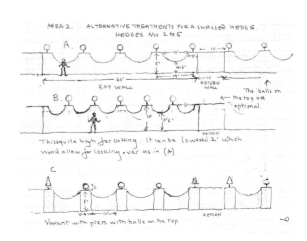

Dadurch sind gute Möglichkeiten für schöne Blickfluchten

58

DER BLICK AUS DEM HAUS

verloren gegangen. Ich weiß nicht, wie das geschehen konnte. Mollie Salisburys Hecke läuft auf beiden Seiten bis zu zwanzig Fuß nach rechts weg ... Das führt zu diesen geschwungenen Hecken, die wie ein Vorhang Sichtschutz geben, aber unregelmäßig sind – eine etwa 135 Fuß lang, die andere 160. Die Probleme müssen in diesem frühen Stadium gelöst werden, denn sie bestimmen die weitere Entwicklung dieses herrlichen Gartens. Doch lassen Sie sich dadurch nicht entmutigen. Vielmehr bin ich traurig, dass mir die Aufgabe zukommt, Sie darauf hinzuweisen. Gärtnern hat stets viel mit Mogeln zu tun – dem Auge soll alles „richtig" erscheinen. Und genau darum habe ich mich bemüht ... Ich habe einige Entwürfe von Rosemary Verey kopiert, deren Ansichten ich sehr schätze.

Es muss ein Gefühl gewesen sein, als bekäme man einen Schulaufsatz mit einer schlechten Note zurück, obwohl man geglaubt hatte, es gut gemacht zu haben. Der Prinz ließ sich jedoch keineswegs beirren und veränderte seinen Entwurf nicht. So schnitt Sir Roy Strong schwungvolle Bögen und Fenster

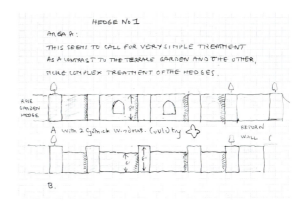

Oben: *Weitere Entwürfe von Sir Roy Strong für die Eibenhecke.*

Unten: *Die geometrischen Konturen der Eibenhecken werden alljährlich im August nachgeschnitten.*

Oben und gegenüber: *Die Göttinnen der vier Jahreszeiten wurden auf Ratschlag von Sir Roy Strong gekauft. Auf halber Strecke der Weißbuchenallee unterbrechen sie geschickt die langen Linien.*

in die Eibenhecke und ließ einzelne Stämme herausragen, aus denen später Kugeln werden sollten. Mit Bambusstäben markierte er die hohen Teile, dazwischen band er Seile, die schwer genug waren, um in weichen Bögen herabzuhängen und die Konturen der Hecke vorzugeben. Sir Roy machte dem Prinzen auch den Vorschlag, klassische Statuen und Steinbänke aus Italien aufzustellen. „Nur ein paar davon würden den Garten optisch aufwerten", schrieb er am 29. September 1989. Heute stehen die Statuen auf halber Höhe der Allee zwischen den Weißbuchen und müssen gelegentlich unvermutetem Beschuss Stand halten: die beiden Rasenflächen jenseits der Allee sind beliebte Fußballfelder der jungen Prinzen und ihrer Freunde.

Schließlich fanden Sir Roy und Rosemary Verey, dass die Goldeiben entfernt werden sollten. In einem Brief an den Prin-

DER BLICK AUS DEM HAUS

DER GARTEN VON HIGHGROVE

Oben: *Als der Prinz einzog, waren die Goldeiben rechts und links des Thymianweges nur schlichte „Klötze". Der Prinz erlaubte seinen Gärtnern, ihrer Fantasie freien Lauf zu lassen, und so entstanden im Lauf der Zeit exzentrische Figuren.*

Links: *Das Jäten zwischen den Thymianteppichen ist eine mühsame Arbeit. Hier wachsen mehr als zwanzig verschiedene Thymiansorten, die aus Stecklingen herangezogen und vom Prinzen selbst gepflanzt wurden.*

zen schrieb Sir Roy: „Ich denke, wenn Eure Königliche Hoheit sich erst einmal entschieden haben, diese grell grünen Eiben zu entfernen, werden Sie sehen, wie sehr der Garten gewinnt." Der Prinz nahm davon keine Notiz, und heute sind die goldenen Kugelskulpturen einfach hinreißend. Als Spalier zu beiden Seiten des Thymianweges, dem Herzstück dieses formellen Gartens, haben sie nie schöner ausgesehen. Im Sommer mischt sich ihre Farbe mit der des goldgrünen Thymians, im Winter färben sie sich dunkler. Sie erinnern an die Schachfiguren in Nancy Lancasters berühmtem Garten in Hasley (Oxfordshire). Der Prinz gab seinen Gärtnern den Auftrag, die Kugeln zu „exzentrischen Formen" zu stutzen. Das führte zu einem Feuerwerk der Kreativität, und heute hat jeder Strauch seinen eigenen Charakter, der sich von Jahr zu Jahr verändert, wenn der Frühling neue Ideen sprießen lässt. So hat der Prinz seine Ideen verwirklicht.

1990 hatte der Prinz den geraden Kiesweg satt, der sich in die

Oben: *Der Prinz beim Jäten im Garten am Mühlsteinbrunnen. Rosmarin, Schafgarbe und Perovskien ergänzen die Farbtöne des Thymian, der sich an den Rändern mit den Stauden vermischt.*

DER GARTEN VON HIGHGROVE

DER BLICK AUS DEM HAUS

Links: *Die bronzene Statue eines Gladiators blickt über den Brunnen und den Thymianweg auf die Westfassade des Hauses und die prächtige Libanonzeder.*

Ferne erstreckte. Er beschloss, statt dessen unregelmäßige Steinplatten und Pflastersteine verlegen zu lassen. Manche davon stammen aus Broadfield, der herzoglichen Farm auf der anderen Seite von Tetbury, andere aus Brackley und Avening. Fred Ind und Cecil Gardiner pflasterten den Weg nach den Vorgaben des Prinzen ohne Zementbett. In die Fugen wurde Erde gefüllt. Auf beiden Seiten des Weges wurden Schotter, Kies und Erde gründlich vermischt, um einen durchlässigen Pflanzboden zu schaffen. In der Zwischenzeit wurden Hunderte von Thymianstecklingen aus Kevin und Susie Whites Gärtnerei Hexham Herbs in Northumberland in den Gewächshäusern von Highgrove herangezogen. Als sie groß genug waren, pflanzte der Prinz die Stecklinge selbst ein. Das geschah zwischen März und Juli 1990. Aus den Stecklingen sind heute beeindruckende Polster geworden,

Oben: *Eine der italienischen Statuen, die in der Unterbrechung der Weißbuchenhecke seitlich des Thymianweges stehen. Dahinter bildet die geschwungene Eibenhecke den Rahmen für ein Beet mit Tulpen und anderen Frühlingsblumen.*

Unten: Als diese Kübel aus Italien verschifft wurden, waren sie an „The Prince of Wales, Tetbury", adressiert und wurden irrtümlich im örtlichen Wirtshaus dieses Namens angeliefert.

Rechts: Eine Detailaufnahme der Pflasterung im Springbrunnen-Garten.

die auch in den Fugen und auf freien Stellen im Weg gewurzelt haben. Während der Thymianblüte im Sommer wimmelt es hier von Schmetterlingen und Bienen. Wenn der Prinz ein großes Fest gibt, steigen die Gäste in der Einfahrt aus ihren Fahrzeugen und kommen den Thymianweg entlang auf das Haus zu. Im Thymianteppich stecken unzählige Nachtlichter, und alles ist wie verzaubert von dieser duftenden Szenerie.

Am Ende des Weges liegt der Springbrunnen-Garten. Ursprünglich gab es hier ein rechteckiges, erhöhtes Wasserbecken, das die lange Blickflucht zum Taubenhaus unterbrach. Der Prinz bat William Bertram und William Pye, sich des Beckens anzunehmen und einen neuen, tiefer gelegenen Brunnen zu gestalten. Bertrams Becken hat die Form einer Seerose, eine Idee des Prinzen. Wie Bertram erklärt, ist es „ein Becken im Becken mit vier Wasserfällen" – vier bronzenen Wasserspeiern, die den langsamen und beruhigenden Fluss des Wassers präzise kontrollieren. Damit man hier sitzen kann, gestaltete Bertram an beiden Seiten leicht erhöhte Bänke, die durch die Eibenkugeln Sichtschutz erhalten. Die Eibenhecke, die das alte Wasserbecken umschloss, wurde umgepflanzt und folgt nun der Form des neuen Beckens und den Konturen der Beete. Der Pflanzplan für die Beete wurde von den Gärtnern David Magson und James

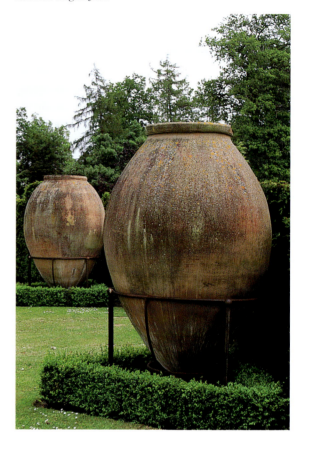

Links: Der bronzene Gladiator ist die Kopie einer Statue aus Houghton (Norfolk).

Rechts: Der Blick über den Springbrunnen-Garten auf eine der spiegelbildlich angelegten erhöhten Plattformen, auf denen William Bertram Bänke aufstellte. Im Vordergrund wachsen weiße Bartiris zwischen Rosmarin, Salbei und Verbenen.

Aldridge entwickelt. Sie erfüllten die Vorgaben des Prinzen, der hier seltenere Thymiansorten wünschte, gemischt mit Lavendel und Rosmarin in ungewöhnlichen Farben, die zum Thymianweg passen, dazu wurde blass rosa Schöterich, goldgrüner Oregano, violett blühender russischer Salbei, silberner Wermut, dunkelviolette Verbenen *(V. bonariensis)* und weiße Bartiris gepflanzt. Der Brunnengarten liegt voll in der Sonne. Gewaltige Ölkrüge aus Terrakotta, die an allen vier Ecken aufgestellt sind, geben ihm mediterranes Flair. Die Krüge waren bei der Verschiffung aus Italien in große Holzkisten verpackt und an „The Prince of Wales, Tetbury", adressiert. Ihre Ankunft verzögerte sich, weil der Spediteur sie zunächst an das gleichnamige Wirtshaus in der Stadt lieferte. Der Gladiator, der gleich hinter dem Brunnengarten steht, ist ein Geschenk und die Kopie einer Statue aus Houghton (Norfolk), einem Ort, den der Prinz seit jeher liebt.

DER GARTEN VON HIGHGROVE

DER BLICK AUS DEM HAUS

Links und rechts: *Der Frühlingsschmuck blühender Kirschbäume und Narzissen rahmt die hohen Weißbuchenhecken beidseitig ein. Über der Eibenhecke ragt von der dahinter liegenden Wildblumenwiese eine uralte Eiche auf.*

69

DER GARTEN VON HIGHGROVE

3 Der Cottage-Garten

Im Frühling und Sommer quillt der Cottage-Garten über von blühenden Sträuchern, Zwiebelgewächsen, Rosen und Stauden. Er ist atemberaubend romantisch, relativ klein, behaglich, von Mauern umfriedet und von Hecken beschattet, gewundene Rasenwege locken in versteckte Winkel. Als der Prinz einzog, war hier ein kahler Fleck, der gleichwohl eine geschützte und ruhige Atmosphäre vermittelte. Vielleicht lag das daran, dass dies über Generationen der meistbenutzte Teil des Gartens gewesen war. Es war der dem Haus am nächsten liegende geschützte Fleck und gleichzeitig eine Abkürzung zu den Ställen. Gleich hinter der großen Zeder führt eine Tür in der Mauer in den mit Kopf-

Rechts: *Im diffusen Schatten in den Winkeln des Cottage-Gartens hat sich Fingerhut ausgebreitet.*

Links: *Ein bezaubernder Bogen aus Apfelblüten umrahmt diesen Zugang zum Cottage-Garten. Daneben rankt eine Wildrose (Rosa rugosa) hinter einem Kübel hervor. Die Pforte wurde von William Bertram entworfen und in den Wunschfarben des Prinzen lackiert.*

Links: Eine Tür führt von der Pergola in den Hof vor den Ställen.

Unten: In die Mauer neben der Tür eingelassen ist das kleine Relief einer Zinnmine aus Granit von Cornwall.

DER COTTAGE-GARTEN

Links: Die Pergola wurde von Charles Morris entworfen und 1999 von Paul Duckett, Fred Ind und Steve Staines (alle in Highgrove angestellt) gebaut. Sie ersetzt eine ältere Holzversion, die verrottet war.

Unten: Die Skulptur Laokoon und seine Söhne steht im Museum des Vatikan in Rom. Dies Relief schuf Andrian Melka, ein Albaner, der in Dick Reids Werkstatt in York studierte.

stein gepflasterten Hof vor den Ställen, in denen im Winter glänzende Jagdpferde eingestellt sind. Weiter hinten ist eine weitere Tür in der Mauer, die zu den Farmgebäuden an der rückwärtigen Einfahrt und dem dahinter liegenden Orchard Room führt.

Von der Terrasse aus gelangt man über Trittsteine im Gras, vorbei am Hochbeet, zur Cotswolds-Pergola. Die beeindruckenden Säulen bestehen aus Cotswold-Stein und haben die Form gewaltiger Garnspulen. Auf ihnen ruhen massive Eichenbalken. Der Bau wurde kürzlich als Ersatz für eine ältere, verrottete Holzpergola errichtet. Es wird nicht lange dauern, bis er von Rosen wie ‚Madame Alfred Carrière', ‚Zéphirine Drouhin', ‚Veilchenblau', ‚Bantry Bay' und ‚Breath of Life', von Clematis, Blauregen und Geißblatt überwuchert sein wird. Die alte Unterpflanzung – Nelken, Veilchen, die sich selbst aussäende Jungfer im Grünen, Astern und Bartiris – blieb weitgehend erhalten. Auf beiden Seiten sieht man gestutzte Eiben auf erhöhten Grasflächen. Auf der einen Seite sollen sie in die Form der fünf platonischen Elemente – Erde, Feuer, Luft, Wasser und Himmel – geschnitten werden, gegenüber werden die ersten fünf der dreizehn archimedischen Formen entstehen. An der nahe gelegenen Mauer, gleich neben einer Eibenlaube, entdeckt man ein Steinrelief mit der Darstellung Laokoons und seiner

DER COTTAGE-GARTEN

Links: *Eine Büste von Leon Krier, dem leitenden Architekten in Prinz Charles' Poundbury-Projekt in Dorset, schaut von ihrem Sockel über den neuen Buchsbaumgarten. Die Büste skulpierte Celia Maxwell-Scott.*

Rechts: *Der neu angepflanzte Buchsbaumgarten mit dem Weg, der sich zwischen den Beeten schlängelt, ist ein Entwurf des Prinzen. Mit den Jahren werden die Jungpflanzen zu einer geschlossenen Masse heranwachsen, die zu welligen Formen geschnitten werden soll.*

Ganz rechts: *Steinplaketten am Ende der Pergola erinnern an die Hunde, die einmal auf Highgrove gelebt haben.*

Söhne, geschaffen von Andrian Melka, einem jungen albanischen Bildhauer aus Butrint, der mit einem Getty-Stipendium nach England kam und im Atelier von Dick Reid in York arbeitete. Er war bereits so geschickt, dass Reid ihn nichts mehr lehren konnte.

Im Westen der Pergola schließt sich der Buchsbaumgarten an, das jüngste Projekt auf der langen Liste der Kreationen des Prinzen. Hier liegt ein überdimensionierter Terrakottakrug als Blickfang zwischen verschiedenen Objekten aus dunkelrosa, behauenem Sandstein aus Hereford, die bald in einem Meer aus grünen Buchsbaumwellen versinken werden. „Die Idee für den Buchsbaumgarten stammt aus einem Buch über Gärten in Spanien", erklärt der Prinz. Eine Büste von Leon Krier, dem leitenden Architekten von Prinz Charles' Poundbury-Projekt in Dorset, blickt über den Garten. Der Serpentinenweg wurde nach Plänen des Prinzen verlegt und schlängelt sich durch die in vielen Grüntönen changierenden Buchsbaumbeete. Sie sollen auf verschiedene Höhen heranwachsen und in wellige Formen geschnitten werden. Am häufigsten wächst hier die Buchsbaumsorte *Buxus microphylla* ‚Faulkner'.

DER GARTEN VON HIGHGROVE

Unten: *Der Swimming Pool versteckt sich hinter einer Cotswold-Scheune, deren Mauern von Säckelblumen und der Rosensorte ‚New Dawn' überwuchert sind.*

Rechts: *Ein Rasenweg schlängelt sich wie ein kleiner Bach zwischen üppigen Staudenbeeten hindurch, in denen Astilben, Hosta, Salbei, Indianernessel, Hortensien und Ziest wachsen.*

Für die höheren Bereiche wurden *B. sempervirens* ‚Greenpeace', ‚Suffruticosa' und ‚Green Gem' verwendet, für die niedrigeren *B. sempervirens* ‚Memorial', *B. glomerata* var. *microphylla* ‚Morris Midget' und *B. sinica* var. *insularis* ‚Tide Hill'. Außerdem stehen hier sechs Kübel mit *B. sempervirens* ‚Rotundifolia' aus dem Sonnenuhr-Garten. Hinter einer alten Cotswold-Scheune, deren Mauern im Sommer von Säckelblumen und ‚New Dawn'-Rosen bedeckt sind, versteckt sich der Swimming Pool. Bald wird er ganz von den Eibenhecken abgeschirmt sein.

Durch einen Bogen aus mächtigen Steinsäulen schlängelt sich der Cottage-Garten zu einer Gruppe von Lorbeersträuchern am anderen Ende. Immer wieder sind „Fenster" in der hohen Eibenhecke an der Südgrenze, durch die man einen Blick auf weite Rasenflächen und die Weißbuchenallee werfen kann. Über die nördliche Mauer, die sich hinter Sträuchern versteckt, kann man einzelne Bauernhäuser erblicken, die so wirken, als stünden sie schon immer dort. In Wirklichkeit sind es meist Neubauten aus der Zeit des Prinzen, erbaut vom Architekten William Bertram und

DER COTTAGE-GARTEN

DER GARTEN VON HIGHGROVE

dem örtlichen Bauunternehmer David Palmer. Auch der Giebel des Rinderstalls, dessen Backsteinkanten und Cotswold-Dachschindeln mit Moos und Flechten bewachsen sind, überragt die Mauer. Ein Rasenweg schlängelt sich wie ein kleiner Bach zwischen geschwungenen Beeten, in denen üppige Polster mit typischen Bauerngartenblumen und Sträuchern gedeihen: Cistrosen und Buddleia, rötliche und weiße Mondviolen, Storchschnabel, Sommerjasmin, goldgelb geränderte Primeln, Lungenkraut, Glockenblumen, Akelei, Weigelien, weiße ‚Barnsley'-Malven, Heiligenkraut, Bartfaden, Salbei, Rittersporn, Lupinen und Glattblatt-Astern. Man entdeckt aber auch Überraschendes, wie die mahagony-rote Wachsblume *(Cerinthe major* ‚Purpurascens') oder die auffälligen, zitronengelben Blüten der *Paeonia mlokosewitschii* ‚Molly-the-witch', benannt nach dem polnischen Kavallerieoffizier, der die Sorte entdeckte. „Beim Anblick dieser Päonie hält jeder den Atem an", sagt die ehrenamtliche Gartenführerin Amanda Hornby. „Die meisten Besucher erwarten etwas Förmlicheres und Prächtigeres. Sie wundern sich, dass dies kein Prunkgarten ist, sondern einer, zu dem man eine innige Beziehung entwickeln kann. Das ist ja gerade das Besondere." Mrs. Seema Kumar schrieb, nachdem sie den Garten im Sommer 1995 mit Mitgliedern der *Commonwealth Countries League* besucht hatte: „Ich empfand Ihr Zuhause tatsächlich als „Zuhause". Es wirkt zwanglos und verzichtet auf jede Effekthascherei. Manche Bereiche des Gartens

Oben: *Königslilien gedeihen prächtig im nahrhaften Highgrove-Kompost.*

Rechts: *Im Frühling schmückt sich der Cottage-Garten mit Tulpen, Narzissen und Primeln.*

Rechts: *Eine Baumbank unter einer Eberesche (Sorbus thibetica ‚John Mitchell') lädt zum Verweilen ein. Die Bank war ein Geschenk der Angestellten des Prinzen und des Herzogtums Cornwall zum 40. Geburtstag des Prinzen.*

DER COTTAGE-GARTEN

DER GARTEN VON HIGHGROVE

DER COTTAGE-GARTEN

Links: *Eine Sammlung von Terrakottagefäßen aus verschiedenen Ländern in einem Kreis aus Goldregen-Bäumen. Im Vordergrund wachsen Narzissen ‚Ice Folly'.*

Oben: *Frances Baruch hat diese Büste von Laurens van der Post, dem guten Freund und Mentor des Prinzen, gestaltet. Die Büste vermittelt eine ruhige Präsenz im Cottage-Garten.*

brauchen Wasser – aber es ist tröstlich, festzustellen, dass das heiße Wetter selbst Ihnen Probleme bereitet." Dann beklagt sie sich über die geringe Auswahl von Geschirrtüchern im Laden von Highgrove.

Eine dreisitzige Holzbank steht inmitten von Rosen – eine von ihnen konnte bis heute nicht eindeutig identifiziert werden. Sie wächst als atemberaubende Girlande an einer durchhängenden Kette über der niedrigen Mauer. 1987 schenkte der Gartenfachmann Vernon Russell-Smith dem Prinzen die Rosen ‚Louise Odier', ‚Souvenir de la Malmaison', ‚Boule de Neige', ‚Reine des Violettes' und ‚Kathleen Harrop'. „Ich glaube, sie passen gut in die Beete beiderseits der Bank, auf der die Prinzessin gern sitzt...", schrieb er dazu. Der Rasenweg führt an weiteren Beeten vorbei und öffnet sich dann zu einer kleinen Grasfläche. Die runde Bank um eine Eberesche (*Sorbus thibetica* ‚John Mitchell') war ein Geschenk zum 40. Geburtstag des Prinzen. Friedlich blickt Laurens van der Post als Büste auf das Ensemble. Unter Goldregen-Bäumen liegen biblisch wirkende Terrakottagefäße, eine *Clematis montana* windet sich wie eine Boa constrictor in einem riesigen Weißdorn. In diesem Garten fühlt man sich glücklich. Vielleicht liegt es daran, dass hier immer Kinder gespielt haben?

In den 1950er Jahren lebte Lieutenant-Colonel Morgan Jones mit seiner Familie auf Highgrove. Sein Interesse galt weniger dem

Oben: *Eine nicht identifizierte Rose überwuchert eine durchhängende Kette und bildet eine Girlande hinter der dreisitzigen Bank, die ein Hochzeitsgeschenk für den Prinzen und die Prinzessin war.*

DER GARTEN VON HIGHGROVE

Garten als den Pferden. An der Nordwestseite des Hauses gab es jedoch ein halbkreisförmiges Blumenbeet, einen Steingarten und einen Strauchgarten im edwardianischen Stil. Auch das Spielhaus der Kinder und die Sandkiste hatten hier ihren Platz. Die Familie stellte den sagenumwobenen Paddy Whiteland, einen ausgezeichneten Pferdekenner aus Irland, als Faktotum ein. Er war noch im Amt, als Prinz Charles dreißig Jahre später Highgrove kaufte. Paddys Sprüche waren legendär. „Wie ein Schwein mit einem Ohr" beschrieb er die Anlage, nachdem sie durch die neue Eibenhecke am Thymianweg von den Rasenflächen abgetrennt worden war. Der Prinz stimmte zu, dass dieser Teil „jetzt entschieden ungeschickt wirkte... Nach langen Überlegungen und Betrachtungen fand ich, dass es die beste Lösung für diesen seltsam geformten Gartenteil wäre, hier die Atmosphäre eines Bauerngartens zu schaffen."

Unten: *Im Frühling ist die dreisitzige Bank von großen Polstern aus Frauenmantel, ‚Cottage'-Tulpen und ‚Trevithian'-Narzissen umgeben.*

DER COTTAGE-GARTEN

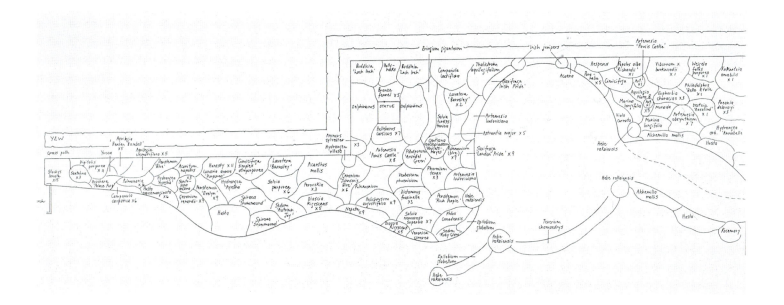

Der Prinz wusste von Rosemary Vereys Geschick als Gärtnerin und hatte auch von ihrem berühmten Garten in Barnsley, nicht weit von Highgrove, gehört. Im Frühling 1998 bat er sie, ihn zu besuchen und den schwierigen Gartenteil in Augenschein zu nehmen. Begrenzt wurde er durch zwei hölzerne Rosenbögen, die der Künstler Felix Kerry entworfen hatte, die jedoch 1999 durch Steinbögen ersetzt wurden. Der Prinz war begeistert von der Idee des Schlängelpfades. „Wir gingen den Weg ab", erinnert sich Rosemary, „und zeichneten ihn dann mit einem biegsamen Schlauch und mit Sand auf den Boden. Der Weg sollte so breit sein, dass zwei Personen bequem nebeneinander gehen konnten, und von Steinen eingefasst werden, über die sich die Pflanzen ausbreiten durften." Nachdem reichlich Stallmist untergegraben worden war und der Boden sich gesetzt hatte, konnte mit der Bepflanzung begonnen werden. Rosemary traf mit zwei Lastwagen voll Pflanzen ein und arbeitete mit John Hill und Rupert Golby, dem damaligen Chefgärtner Trevor Jacobs und dem Prinzen einen ganzen Tag lang. Auch die jungen Prinzen William und Harry halfen, während Rosemary Anweisungen für die Anordnung der Pflanzen gab. Sie erinnert sich gern an diese Arbeit:

Die Sonne schien. Für mich – und hoffentlich auch für die anderen – war es ein glücklicher Tag. Es gab ein Picknick auf der Terrasse. Wir haben hart gearbeitet, und als wir alle erschöpft waren und neunzig Prozent der Pflanzen gesetzt hatten, fiel uns ein, dass wir sie ja gießen mussten. Genau in dem Moment gab es einen Aprilschauer – einen sanften nur, aber doch genug, um die Pflanzen zu erfrischen.

Oben: *Rosemary Vereys Pflanzplan für einen Teil des ursprünglichen Cottage-Gartens.*

Unten: *Akelei ‚William Guinness' syn. Magpie.*

DER GARTEN VON HIGHGROVE

Rechts: *Im Hochsommer quellen die Blumen über die Ränder des Rasenweges, der sich zwischen den Beeten schlängelt. Hier drängen sich weißer Baldrian, die Rose ‚Gertrude Jekyll' und Glockenblumen auf engem Raum.*

Oben: *Gilly Hayward knipst im Cottage-Garten verwelkte Blüten aus der großen Rose ‚Marguerite Hilling' (einer rosa Verwandten der Sorte ‚Nevada').*

Im Herbst des gleichen Jahres bestellte Rosemary Hunderte von Blumenzwiebeln. „Ich bin froh, dass *Garden in Winter* gekommen ist", schrieb sie im Dezember 1988. „Ich fuhr am 26. November nach Highgrove, um Blumenzwiebeln zu stecken, auf Krokusse werden frühe Narzissen und dann Tulpen folgen. Ich hoffe, Sie werden da sein, um die Blüte zu genießen. Die Zwiebeln möchte ich Ihnen schenken." Unter den Tulpen finden sich ‚Angélique', ‚White Dream', ‚Black Parrot' und *kaufmanniana*.

Wer dem Schlängelpfad durch den letzten Bogen des Cottage-Gartens folgt, gelangt auf eine Lichtung mit einem bauschig weich geschnittenen Buchsbaumrondell, das einen faszinierenden Ilex umgibt. Dieser Bereich, in den frühen 1990er Jahren vom Prinzen selbst gestaltet, heißt New Cottage Garden. Rosemary Verey war wieder an der Bepflanzung beteiligt, die dem Auge rund ums Jahr etwas bieten sollte. „Für den Winter und den Frühling pflanzten wir Helleboren, dazu japanischen Liguster (*L. japonicum* ‚Rotundifolium'), um die Experten zu verwirren. Schneeball, Orangenblumen, Flieder und Duftblüten bilden den Hintergrund. Im März

Oben: *Die dicht gefüllte Blüte der Rosensorte ‚Gertrude Jekyll'.*

Rechts: *Im Cottage-Garten steht eine chinesische Chippendale-Bank.*

Rechts: *Ein Weg mit Kopfsteinpflaster führt durch den Lorbeertunnel, vorbei an Hostas und Farnen, zu der ‚Capitol Seat' genannten Bank. Julian und Isabel Bannerman bauten die Bank aus Teilen, die sie bei einem Abrissunternehmen fanden.*

1992 schrieb Rosemary Verey an den Prinzen: „Ich hoffe, Ihnen gefallen die Helleboren, die ich am Sonntag, dem 23., vorbeigebracht habe. Es sind einige ganz besondere Sorten dabei, die ich von Mrs. Ballard gekauft habe, dazu weiße Sorten aus Barnsley."

Die Begrenzungsmauer, die den Garten zur hinteren Einfahrt hin abschirmt, wurde in den 1980er Jahren errichtet. Der Boden wurde aufgeschüttet, sodass Sträucher und kleine Bäume Schutz vor der Unruhe des Farmbetriebs geben. Dieser Bereich, der Savill Garden, begann 1987 unter der Leitung von Vernon Russell-Smith Form anzunehmen, den der Prinz durch Felix Kelly kennen gelernt hatte. Vernon Russell-Smith hatte dem Prinzen bereits Ratschläge zur ersten, sehr wertvollen Hintergrundbepflanzung in Highgrove gegeben und einige übereilte Entscheidungen der Anfangszeit ausgebügelt. So redete er dem Prinzen höflich aus, eine Hecke aus Leyland-Zypressen jenseits des ummauerten Gartens zu pflanzen, indem er ihm erklärte, die Wurzeln dieser Zypressen nähmen die Nährstoffe so gierig auf, dass dort nichts anderes gedeihen könne. Aus einem anderen Savill Garden, dem von Windsor, wurden Schneeball, Geißblatt und Eucryphia herbeigeschafft, dazu *Garrya elliptica*, Cotoneaster und Orangenblumen. Mit Hilfe von Rosemary Verey hat der Prinz weitere Pflanzen gesetzt, darunter Geschenke von Freunden wie Holzapfelbäume und eine herrliche Sternmagnolie *(Magnolia stellata)*. Jetzt plant er, das umgebende Beet in Richtung des Rasens zu verbreitern.

Im November 1996 wurde Rosemary Verey für ihre Verdienste im Gartenbau – passenderweise vom Prinzen – ausgezeichnet. „Ich habe jeden Moment der Zeremonie und die Umgebung genossen",

Oben: *Sir Roy Strong regte den Prinzen an, einige steinerne Gartenbänke in Italien zu kaufen. Diese Bank in einem eher formalen Bereich hinter dem Thymianweg kann man vom Cottage-Garten aus sehen.*

schrieb Rosemary am 7. November 1996 an den Prinzen. „Ich muss staunen, wie Sie Ihr Lächeln und Ihr Interesse eineinhalb Stunden lang aufrecht erhalten können… Das macht mir umso mehr bewusst, wie wichtig es ist, dass Sie genug Zeit auf Highgrove verbringen und sich wie ein gewöhnlicher Gartenbesitzer verhalten können…"

Jenseits des Cottage-Gartens und des Savill Garden ändert sich die Stimmung plötzlich. In das einst undurchdringliche Lorbeerdickicht ließ der Prinz einen gewundenen Tunnel schneiden. Da die Besuchergruppen den Boden im Tunnel in Schlamm verwandelten, schlugen Isabel und Julian Bannerman 1995 vor, Kopfsteinpflaster zu verlegen. Sie gestalteten auch den „Capitol Seat" aus Fragmenten dorischer Kapitelle, die sie bei einem Abbruchunternehmen entdeckt hatten. „Am schönsten würde die Bank zwischen Farnen wirken, vielleicht *Dryopteris filix-mas* und *Matteuccia struthiopteris,* die uns an die Federn des Prinzen von Wales erin-

DER COTTAGE-GARTEN

Rechts: *Durch die Fenster, die in die Eibenhecke geschnitten wurden, kann man einen Blick in andere Teile des Gartens werfen. Hier ist die Wildblumenwiese zu sehen.*

Nächste Seite: *Während der Sommermonate bilden die Beete des Cottage-Gartens ein geschlossenes Bild aus Stauden, Rosen und blühenden Sträuchern.*

DER COTTAGE-GARTEN

Links: *„Ali Baba"-Töpfe aus Spanien schimmern durch eine von William Bertram entworfene Pforte in der Eibenhecke.*

Rechts: *Zarte, gefüllte Kirschblüten vor blauem Frühlingshimmel.*

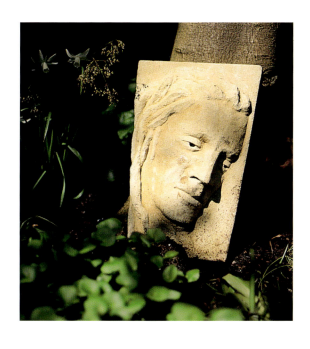

Oben: *Im Lorbeertunnel stehen verschiedene Übungsstücke von Studenten der Bildhauerei, die von der Stiftung des Prinzen gefördert werden.*

nern," schrieben sie am 1. Mai 1995. Neben dem Weg hat der Prinz zwischen den Farnen Arbeiten von angehenden Bildhauern gestellt, die von seiner Stiftung unterstützt werden. Dieses Stück Garten ist Privatsache des Prinzen, selbst den wuchernden Lorbeer schneidet er selbst. Er behauptet zwar von sich, alles „abzuhacken", doch in Wahrheit schneidet er die Zweige sehr vorsichtig und nur dann, wenn mehr Licht durchdringen soll.

„Ich denke viel über den Garten nach," sagt der Prinz. „Dauernd habe ich neue Ideen – ich träume sogar von meinem Garten – unabsichtlich, wie aus einer anderen Dimension." Seine Ideen sind intuitiv, und dass sie umgesetzt werden, liegt an seinem festen Willen, zu gewinnen und sein Bestes zu geben. Er ist ausgesprochen ehrgeizig, wird seltsamerweise aber verlegen, wenn er Lob hört. Da nun aber so viele Leute seinen Garten besichtigen und loben, wird er vielleicht eines Tages an seinen Erfolg glauben. Jenny Scott, die Leiterin des örtlichen Altersheimes, besuchte 1994 Highgrove mit einer Gruppe ihrer Pfleglinge und schrieb:

> … eine Dame von neunzig Jahren wanderte durch den ganzen Garten. Es machte allen Freude, einige der Heimbewohner haben früher selbst einmal im Haus gearbeitet. Ein Herr war Gärtner der Familie Macmillan, der Vater eines anderen Gärtner auf Highgrove … Ich möchte seiner Königlichen Hoheit für diesen Besuch danken. Es war wunderbar, die Freude auf den Gesichtern der alten Herrschaften zu sehen, als wir unseren Rundgang durch den Garten machten.

4 Wildblumenwiese und Gehölzgarten

Elegante schmiedeeiserne Tore an der südlichen Grenze des Sonnenuhr-Gartens führen auf die hinreißende Wildblumenwiese westlich der Einfahrt. Im Frühling ist die weite, ebene Grasfläche von Tausenden bunter Blüten gesprenkelt und könnte sich mit dem Blumenteppich in Botticellis Gemälde *Primavera* messen. Die Wiese ist das Prachtstück von Highgrove. Mitte April erstreckt sich ein Meer von Schachbrettblumen, Krokussen, Schlüsselblumen, Narzissen und Hahnenfuß von den alten Eichen und Kastanienbäumen aus nach Osten und Westen und scheint nahtlos in die dahinter liegenden Felder und den Park vor dem Haus überzugehen. Am Rand und unter den Bäumen bilden Inseln aus gelben und weißen Narzissen leuchtende Farbtupfer. Quer durch die Wiese zieht sich als Verbindung zwi-

Rechts: *Von der Wildblumenwiese sieht man über weiße Narzissen hinweg den Eichentempel der Bannermans im Gehölzgarten.*

Links: *Viele gelbe Narzissen waren schon vorhanden, als der Prinz nach Highgrove kam. Um das Farbbild der Wiese aufzulockern, pflanzte er weiße Narzissen zwischen die gelben.*

Links: *Der Blick von einer knorrigen, alten Eiche über die Wildblumenwiese auf die südwestliche Ecke des Hauses.*

Unten: *Der gleiche Blickwinkel in den frühen 1980er Jahren zeigt die kahle Fläche, die zur Blumenwiese umgewandelt wurde.*

DER GARTEN VON HIGHGROVE

schen dem Sonnenuhr-Garten und dem Ummauerten Garten der Tulpenweg. Er entfaltet seine Pracht im Mai. Ein Weg aus gemähtem Gras verläuft in der Mitte einer formalen Allee aus Hainbuchen (*Carpinus betulus* ‚Fastigiata'). Zu beiden Seiten des Weges wachsen breite Streifen mit verschiedenen Tulpen, darunter ‚Attila', ‚Negrita', ‚Queen of Night', ‚The Prince' und ‚Burgundy Lace'. Dazwischen leuchtet scharlachrot ‚The Bishop' – eine Komposition in den Farben des königlichen Rennstalls. Wenn sich die Camassien ans Licht schieben, die im kargen Boden der Cotswolds besonders gut zu gedeihen scheinen, sieht man überall auf der Wiese die blassblauen und dunkelblau-violetten Blüten der *Camassia leichtlinii caerulea*, die der Prinz besonders liebt.

Im Frühsommer verwandelt sich die Szene in eine Heuwiese, wie Birkett Foster sie gemalt haben könnte – ein fernes Traumbild

WILDBLUMENWIESE UND GEHÖLZGARTEN

Links: *Im Frühling bietet der Tulpenweg mit der Südseite des Hauses und dem abgeschlossenen Sonnenuhr-Garten einen bezaubernden Anblick. Die Allee besteht aus Hainbuchen, die Tulpensorten ‚Burgundy Lace', ‚The Bishop', ‚Negrita', ‚Attila' und ‚The Prince' repräsentieren die Farben des königlichen Rennstalls.*

Rechts: *Das Tor vom Sonnenuhr-Garten zum Tulpenweg entdeckten Julian und Isabel Bannerman im Hof eines Abrissunternehmens. Es wurde von Bob Hobbs restauriert, Alan Cooper schmiedete die Federn des Prinzen von Wales.*

Links: *Die Südfassade von Highgrove in den frühen 1980er Jahren. Damals lag vor dem Haus eine Pferdekoppel.*

DER GARTEN VON HIGHGROVE

WILDBLUMENWIESE UND GEHÖLZGARTEN

Links: *Der Blick über die Wildblumenwiese auf den Park. Im Frühling ist die Wiese ein Meer von Hahnenfuß, Schlüsselblumen, Löwenzahn und Camassien.*

Oben und rechts: *Wildhyazinthen mit ihren eleganten Blütenständen aus sternförmigen Einzelblüten. Der Prinz schätzt besonders die dunkelblau-violette Sorte Camassia leichtlinii caerulea.*

DER GARTEN VON HIGHGROVE

Oben: *Der Blick über die Wildblumenwiese im Sommer. Im Hintergrund liegt Sir Roy Strongs geschwungene Eibenhecke, die die formalen Gartenbereiche umschließt.*

Rechts: *Neben der Einfahrt gedeiht Miriam Rothschilds Wildblumenmischung „Bauernalbtraum". Gelbes Läusekraut, Klatschmohn, Kornblumen, Kornrade und Studentenblumen wachsen zwischen hohen Gräsern.*

voller Blumen und Gräser, die wachsen und sich vermehren, bis im Juli das Heu geschnitten wird. Authentischer kann man England nicht spüren, und genau so wollte es der Prinz erhalten. Der Garten ist nicht nur ein Spiegelbild seines persönlichen Geschmacks, sondern auch seiner außergewöhnlichen Voraussicht und Entschlossenheit, der Welt die Richtigkeit seiner ökologischen Prinzipien zu demonstrieren. Es hat sich dabei oft gezeigt, dass er seiner Zeit voraus ist. Vielleicht erhält er mehr Informationen, doch er weiß zu selektieren und verlässt sich auf seine Intuition. Seit dem Zweiten Weltkrieg haben die modernen Methoden der Landwirtschaft 95 Prozent der Grasflächen des Landes vernichtet. Weil weitaus mehr Silage als Heu produziert wird, fällt kaum noch Saat auf natürliche Weise zu Boden. Bei der Aussaat werden „Unkräuter" von vornherein eliminiert. Viel zu häufig werden Wildpflanzen an Feldrändern durch die Spritzungen des Nutzgetreides vernichtet, und die Straßenränder werden meist gemäht, bevor die Wildblumen sich aussäen können. Die Folge ist, dass sich die heimische Flora und Fauna in erschreckendem Tempo verringert.

Als der Prinz zuerst seinen Wunsch äußerte, die heimischen Wildblumen zu erhalten und den natürlichen Lebensraum wieder herzustellen, der durch die vorherige Bewirtschaftung zerstört worden war, bestand Lady Salisbury darauf, dass er mit Miriam Rothschild zusammentraf, einer der großen Frauen des 20. Jahrhunderts. Als Mitglied der *Royal Society* hat sie über 300 wissen-

WILDBLUMENWIESE UND GEHÖLZGARTEN

schaftliche Abhandlungen verfasst und ist weltweit die unbestrittene Expertin zum Thema Flöhe. Dazu ist sie eine der bedeutendsten Verfechterinnen der Artenvielfalt. 1982 besuchte der Prinz sie auf ihrem Anwesen Ashton Wold in Northamptonshire, wo sie die großen, umfriedeten Gärten und die Gewächshäuser ganz in den Dienst der Produktion von Wildblumensamen gestellt hat. In Highgrove wagte Miriam Rothschild ein Experiment. Bis dahin hatte außer ihr selbst niemand Wildblumen direkt in eine bestehende Rasenfläche gesät. Sie verwendete Samen, die sie auf ihren eigenen Feldern geerntet hatte, wählte aber Sorten, die für eine Wiese in Gloucestershire typisch waren – 120 verschiedene Sorten, darunter Wiesen-Pippau, Schwingelgräser, Labkraut, Habichtskraut, Wiesenplatterbse, Dreiblatt, Klee, Vogelmiere, Flockenblume, Schlüsselblume und rauhaariges Veilchen. „Werden sie in Highgrove gedeihen?" schrieb Miriam im November 1982 an den Prinzen. „Das werden wir erst im Frühling wissen. Ich bin wirklich dankbar, dass ich es einmal anderswo ausprobieren darf. Mich begeistert die Aussicht auf eine Vermehrung der Wildblumen in Highgrove, denn es ist so ein schöner Ort. Sie werden gewiss viele Nachahmer finden." Ihre so genannte „Highgrove-Mischung" enthielt auch Hundswurz, eine heimische Orchideenart. „Der Samen ist so fein wie Gesichtspuder für Damen. In einer Samenanalyse wird man ihn nicht entdecken. Er muss nur auf den richtigen Boden fallen."

Zuerst waren die Ergebnisse enttäuschend, was vielleicht an dem wuchernden Löwenzahn lag. Nur wenige Wildblumen blühten. Ein Gras namens Yorkshire Fog breitete sich aus, aber als nach und nach die Fruchtbarkeit des Bodens zurückging, kehrten die Blumen allmählich zurück. Heute wachsen hier 32 verschiedene Arten. 1999 zählten dazu Gemeines Knabenkraut, Schafgarbe, Odermennig, Echtes Labkraut, Wiesenstorchschnabel, Kuckucks-Lichtnelken, Futter-Esparsette, Schlüsselblume, Braunelle, Kleiner und Großer Wiesenknopf, rote und weiße Lichtnelke, Heilziest, Teufelsabbiss, Wildmargerite, Hahnenfuß und Kornrade. Es wird hundert Jahre dauern, bis das einstige blütenreiche Weideland wieder hergestellt ist. In den letzten Jahren hat der *Wiltshire Wildlife Trust* den Fortschritt protokolliert und Hilfe bei der Restaurie-

Oben: *Pusteblumen auf der Wildblumenwiese.*

Links: *Die Mischung „Bauernalbtraum" auf der Westseite der Einfahrt enthält Mohn und Wildmargeriten. Im Park dahinter liegt frisch gemähtes Heu.*

DER GARTEN VON HIGHGROVE

Unten: *Die Samenmischung für die ursprüngliche Wildblumenwiese wurde von Miriam Rothschild zusammengestellt, der legendären Verfechterin der Artenvielfalt, an die sich der Prinz um Rat gewandt hatte. Den Samen für die Orchideen beschreibt sie als fast unsichtbar, „wie Gesichtspuder für Damen".*

rung des Biotops geleistet. Viele der jüngsten Erfolge kamen zu Stande, nachdem die Pflanzen nicht gesät, sondern als Setzlinge gepflanzt wurden. Im Jahr 2000 grasten Hebridenschafe auf der Wiese. Sie lockerten die Grasnarbe, sodass zu Boden fallende Samen leichter keimen können. Vielleicht wird man bald den Goldenen Schneckenfalter auf den Skabiosenblüten entdecken. Heute schon tummeln sich der kleine Bläuling, der Brombeerzipfelfalter, das Waldbrettspiel und das Große Ochsenauge, in den dichten Grasbüscheln bauen seltene Hummelarten ihre Nester. Miriam Rothschild gab dem Prinzen eine Sammlung von Allium-Sorten, die er in die Wiese pflanzte, damit sie sich im Sommer ausbreiten. Allerdings haben sie sich bisher noch nicht ausgesät. „Mir ist bewusst, dass das Interesse Eurer Hoheit an den Wildblumen in Highgrove von großer Bedeutung ... für die Kampagne zum Schutz der Wildpflanzen in diesem Land ist", schrieb sie.

Sie überließ dem Prinzen eine Samenmischung namens „Bauernalbtraum", die in umgepflügte Streifen rechts und links der Ein-

WILDBLUMENWIESE UND GEHÖLZGARTEN

Oben: *Im Juli 1999 wurde die Wildblumenwiese gemäht. Hier hilft der Prinz Jonathon Waterer bei der Arbeit.*

fahrt eingesät wurde. Im Sommer erscheint hier ein Regenbogen aus Mohn, rosa Kornrade, Kornblumen und Studentenblumen zwischen Gerste und Hafer. Im Juli wird die Wiese gemäht, dabei fallen die Samen für das folgende Jahr zu Boden. Diese Methode für die Einjährigen des Kornfelds wird bald auf einer freien Wiese hinter dem Orchard Room angewandt werden, weil der Schatten der Lindenallee, die den blühenden Regenbogen einrahmt, zu breit wird. Die Buchenhecke am äußeren Rand des Parks wurde erst kürzlich gepflanzt, obwohl Vernon Russell-Smith dem Prinzen abriet. „Sir, lassen Sie mich ganz offen Nein sagen!" schrieb er. „Ich glaube, Sie werden eine Buchenhecke an der Einfahrt bereuen... Sie würde das Gefühl zunichte machen, dass das Haus in einem Park liegt... die Wildblumenwiese würde wie ein Beet wirken." Statt dessen empfahl er einen offenen Weidezaun. Doch der Prinz wollte die Hecke, und so wurde sie gepflanzt. Nicht nur Flora und Fauna vermehren sich beständig auf Highgrove, auch die Zahl der

WILDBLUMENWIESE UND GEHÖLZGARTEN

„Experten", die wegen eines Besuchs anfragt, nimmt stetig zu. Neil Diboll, ein Landschaftsplaner aus der Prairie Nursery in Westfield (Virginia, USA) bot dem Prinzen in einem achtseitigen Brief seinen Rat an. Er schlug sogar vor, die Bäume zu fällen. Der Prinz antwortete:

> Ich fürchte, ich mag die Bäume auf meinen Wiesen. Ich besitze die Nationale Buchensammlung, und davon stehen einige Exemplare auf der Wiese. Ich fürchte auch, dass es jetzt zu spät ist, die ganze Fläche umzupflügen und mit *Roundup* zu behandeln. Abgesehen davon stellen sich dort jetzt seltene Käfer, Wirbellose und Wildbienen ein, denen ich nun wirklich kein Leid zufügen könnte!

Zu den Insektenarten, die auf der Wildblumenwiese entdeckt wurden, zählen der Käfer *Hoplia philanthus* und der Soldatenkäfer *(Cantharis lateralis)*.

Im Windschatten der Nordwand des Ummauerten Gartens liegt ein kleines, geschütztes Stück Land, das nach und nach in den Garten der Südlichen Hemisphäre verwandelt werden soll. Der Prinz

Links: *Eine Urne aus Sri Lanka steht im Gehölzgarten, wo früher ein undurchdringliches Dickicht aus Brombeeren, Brennnesseln und Schößlingen war.*

Rechts: *Im Windschatten der Nordwand des ummauerten Gartens stehen empfindliche Baumfarne. Sie sind ein Geschenk von Mitgliedern der British Pteridological Society, deren Präsident der Prinz ist.*

Links: *Der Farn Dicksonia antarctica.*

Rechts und unten: *Eine imposante spanische Kastanie steht im ehemaligen Park, der heute die Wildblumenwiese ist. Die Borke zieht sich spiralig um den Stamm.*

hat eine erklärte Vorliebe für Farne und möchte eine Sammlung von etwa 600 Arten zusammentragen. Im April 1999 wurden hier verschiedene seltene Baumfarne gepflanzt – ein Geschenk der *British Pteridological Society*, deren Präsident der Prinz ist. Anregung für die Gestaltung gaben die *Logan Botanical Gardens* an der schottischen Golfstromküste. Dieser kleine Winkel Gloucestershires wird noch exotischer aussehen, wenn sich erst einmal das Mammutblatt *(Gunnera)* in dem tiefen, sumpfigen Graben am Rand des Gartens etabliert hat.

Oberhalb des Grabens mit dem Mammutblatt liegt ein Schutzgürtel aus Lorbeer, der die Wiese abgrenzt und zum Gehölzgarten führt. Von hier aus hat man einen schönen Blick auf die prächtige Eibenhecke mit ihren gotisch geschnittenen Fenstern, deren elegante Bogen den formaleren Teil des Gartens begrenzen. Mit etwas Glück kann man in einer der knorrigen Eichen, die die letzten Überbleibsel des Parks aus dem 18. Jahrhundert sind, einen Kleinspecht beobachten. Um einige Baumstämme hat der Prinz Buchsbaumsockel pflanzen lassen. Diese Idee geht zurück auf einen Besuch der Gärten von Kyoto, wo dem Prinzen die japanische Art, immergrüne und Laub abwerfende Bäume zu beschneiden, besonders gefiel. Auf der Wiese sind einige neue Arten gepflanzt worden. So gelangte in den 1980er Jahren über das Westonbirt Arboretum eine baby-

WILDBLUMENWIESE UND GEHÖLZGARTEN

DER GARTEN VON HIGHGROVE

lonische Weide von der chinesischen Forstakademie nach Highgrove.

Im Schatten der Mauer des Küchengartens schlängelt sich ein schmaler Weg zum Gehölzgarten. Früher wucherten hier Brombeeren, Brennnesseln, Efeu und Schneebeeren unter Bergahorn. Es war ein zugiger, heruntergekommener Bereich, den sich der Prinz in den späten 1980er Jahren vornahm und wahre Wunder vollbrachte. Hoch oben in den Zweigen eines alten Ilex versteckt sich ein Baumhaus, das William Bertram für die Kinder baute. Aus Sorge um ihre Sicherheit angesichts der Höhe schlug der Prinz ein Netz vor, wie es für Trapezartisten im Zirkus gespannt wird, doch das erwies sich als unpraktisch. „Ich habe eine Weile darüber nachgedacht, wie die jungen Prinzen zum Baumhaus hinauf gelangen", schrieb William Bertram im Juni 1988. „Ich glaube nicht, dass meine ursprüngliche Idee eines Pfostens mit Besenstielsprossen sicher genug ist. Darum füge ich eine Zeichnung bei, die einen neuen Entwurf für eine rustikale Treppe zur Plattform zeigt." So wurde eine kunstvolle Leiter gebaut, an der sich stachellose Rosen in die Höhe ranken sollten. Die dunkelgrünen Baluster sind der Form von Ilexblättern nachempfunden, das rote Geländer der

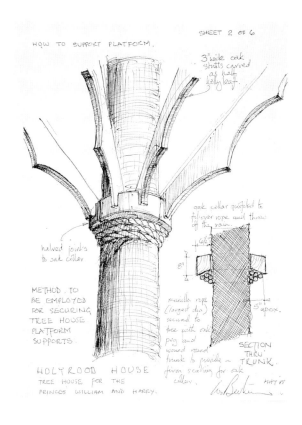

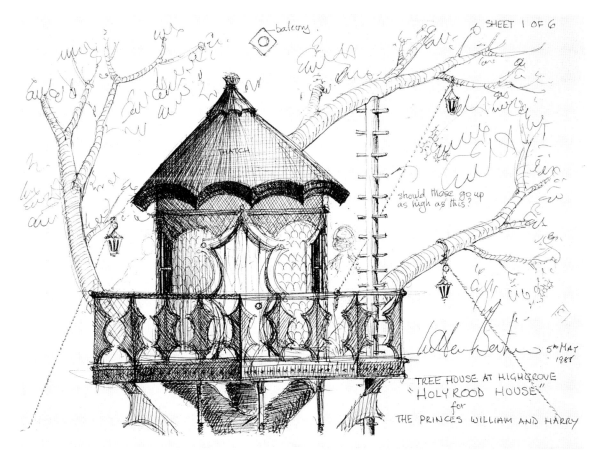

Oben: *Detailzeichnung des Baumhauses, das William Bertram für die jungen Prinzen baute.*

Links: *Ursprünglich sollte für den Aufstieg eine Art Kletterstange verwendet werden, doch aus Sicherheitsgründen entschied man sich für eine Leiter.*

Rechts oben und unten: *Details des Hollyrood House.*

Ganz rechts: *Das Haus wurde 1988 im Geäst eines alten Ilexbaumes gebaut und diesem optisch perfekt angepasst. Die Baluster in Form von Ilexblättern wurden dunkelgrün gestrichen, das rote Geländer symbolisiert die Beeren.*

WILDBLUMENWIESE UND GEHÖLZGARTEN

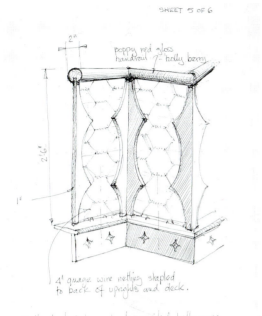

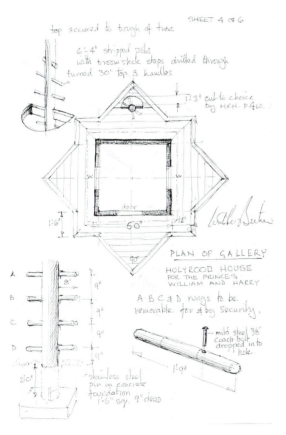

DER GARTEN VON HIGHGROVE

Rechts: Die über drei Meter hohe, von den Bannermans entworfene Pyramide während des Rohbaus.

Unten: Nachdem Highgrove-Kompost eingefüllt worden war, wurden Hunderte von winterharten Farnen (vorwiegend Hirschzungenfarn) durch die Maschen gepflanzt.

Gegenüber: William Bertrams Pforte in der Begrenzungsmauer des Gehölzgartens.

Farbe von Beeren. Die Tür des Hauses hat die Form eines Ilexblatts.

Auf einer Lichtung entdeckt man eine originelle Pyramide, die vollständig von Hirschzungenfarnen und Moos überwachsen ist. Im Herbst, wenn abgefallenes Laub den Boden bedeckt, strahlt sie wie ein grünes Leuchtfeuer. In viktorianischer Zeit dachte man sich gerne solche Extravaganzen aus, doch auf die Idee, sie heute zu verwirklichen, konnten nur Julian und Isabel Bannerman kommen. Sie bauten ein drei Meter hohes Gerüst aus starrem Maschendraht und füllten es mit Kompost, der viel Feuchtigkeit speichert und die Farne üppig durch die Maschen wachsen lässt. Verschiedene Wege führen von hier aus zu Inselbeeten zwischen den Bäumen. Die Wege sind mit gespaltenen Baumstämmen eingefasst, der Prinz und Rosemary Verey haben dicke Büschel von Fingerhut, pfirsichblättriger Glockenblume (*Campanula persicifolia*), Hosta und Martagon-Lilien gepflanzt. Auch einen riesigen Wiesen-Bärenklau haben sie gesetzt, der 1999 über vier Meter hoch wurde. Hinter den Beeten und am äußeren Rand des Gehölzgartens pflanzten sie große Gruppen von Sträuchern, darunter Schneeball (*Viburnum carlesii* und *V. tinus*), Flieder, panaschierten Ilex, Buchsbaum und grünweißen Liguster, um den scharfen Ostwind zu brechen. Im Frühling erstrecken sich Teppiche von Schneeglöckchen, Waldglockenblumen, Wildhyazinthen, Blausternchen, Traubenhyazinthen und Schneeglanz vom Gehölzgarten hin zur helleren Wiese.

Zwischen den Sträuchern am äußeren Rand des Waldes liegt die „Mauer der Geschenke". Sie sieht aus wie die Überreste einer verfallenen Kathedrale, die zu einer skurrilen, vertikalen Skulptur zusammengefügt wurden, besteht aber aus Arbeitsproben von Bildhauer- und Steinmetzlehrlingen. Als bekannt wurde, dass der Prinz Verwendung für solche Steinarbeiten hatte, schickten sie misslungene Stücke und Arbeitsproben. Außerdem wurden in die

WILDBLUMENWIESE UND GEHÖLZGARTEN

Mauer verschiedene steinerne Geschenke integriert, wie der Löwe aus der italienischen Villa d'Este. Die Mauer könnte ebenso gut in der Gartenecke eines Bischofspalastes stehen, und die steinerne Sammlung kann jederzeit durch neue Stücke erweitert werden. Julian Bannerman, von dem die Idee stammt, fertigte für die Ausführung eine grobe Skizze an. „Meine Zeichnung sieht aus wie ein Schlachtfeld", beklagte er sich. Fred Ind, der seit über zwanzig Jahren auf

Oben: *Die Bannermans hatten die Idee für die Mauer aus Arbeitsproben von Steinmetzlehrlingen, Fred Ind und Paul Ducket führten den Bau aus. Die Mauer enthält auch andere steinerne Geschenke an den Prinzen.*

Oben: *Helleborus orientalis*-Hybriden gedeihen im diffusen Schatten der Stumpery.

Rechts: *Die Bannermans haben die Stubben von Esskastanien zu einem Bogen gestapelt und ineinander verkeilt. In Torftaschen wachsen Farne und Euphorbien.*

Highgrove gearbeitet hatte, war etwas befremdet. „Das war für mich ein ziemlich merkwürdiger Auftrag. Auf dem Papier sah es seltsam aus. Wir wollten gute Arbeit machen, aber Mr. Bannerman wollte es unordentlich." Durch Fred Inds Geschick und die tatkräftige Hilfe Paul Ducketts wurde aus der Mauer schließlich ein kleines Meisterwerk.

So gut versteckt, dass man förmlich hineinstolpert, ist das Prachtstück des Gehölzgartens: die melancholische, geheimnisvolle und zauberhafte Stumpery, der Stumpfgarten. Aus einer alten, sauren Fläche mit Azaleen und Rhododendren haben die Bannermans einen völlig abgeschlossenen Gartenteil geschaffen. Zwei Tempel aus Eichenholz stehen einander am Rand einer runden Grasfläche, auf der eine große Eiche wächst, gegenüber. Sie wirken so massiv, als wären sie aus Stein und lassen an archaische Bauten in einem griechischen Hain denken. Wälle in einem wilden Dickicht aus Farnen und von Helleboren gesprenkelten Baumstümpfen umrunden die Lichtung. Am Fuß der Eiche sitzt die Göttin des Waldes,

WILDBLUMENWIESE UND GEHÖLZGARTEN

1991 vom Prinzen für diesen Ort in Auftrag gegeben. Der Künstler David Wynne kommt gelegentlich, um seine Skulptur zu wachsen. Wenn man mit der Hand über ihren Rücken fährt, spürt man jeden einzelnen Wirbel. Der Halbschatten des Gehölzgartens war der ideale Rahmen für diese Reminiszenz an die Pittoreske Periode im England des 18. Jahrhunderts. Tonnen von alten Wurzeln und Baumstümpfen kamen auf einem Tieflader an und wurden am Rand des Gehölzgartens abgeladen. Es wirkte wie ein gewaltiger Knochenhaufen, und die großen Kastanienwurzeln sahen aus wie die herausgezogenen Weisheitszähne eines Riesen. Die Bannermans stapelten und verkeilten die Wurzeln zu skurrilen Bögen und Wellen rings um die Tempel. Die Wege wurden mit Ammoniten gepflastert, die Giebelfelder der Tempel mit kleinen Stücken verwachsenen Holzes gefüllt, die wie ineinander verhakte Geweihe aussehen. Auch als Einfassungen für Weg- und Beetkanten wurden Wurzeln verwendet. Als die Bannermans noch mitten in der Arbeit waren, ging der Herzog von Edinburgh einmal mit seinem Sohn durch den Garten. Als sie in der Stumpery ankamen, sagte er mit

Links: *Die interessanten Formen der Farne, der Euphorbie ‚Mrs Rob's Bonnet' und der Iris foetidissima passen gut zu den skurrilen Konturen der Esskastanienwurzeln.*

Oben: *Isabel Bannermans Skizze für einen der beiden Holztempel.*

DER GARTEN VON HIGHGROVE

Links: *Der Weg unter dem Bogen ist mit Ammoniten und Kieseln gepflastert.*

Rechts: *Der Blick durch den Wurzelbogen auf einen der beiden hölzernen Tempel.*

Unten rechts: *Die Göttin des Waldes von David Wynne sitzt in meditativer Haltung auf der von Gras bewachsenen Lichtung.*

WILDBLUMENWIESE UND GEHÖLZGARTEN

angewidertem Gesicht zum Prinzen: „Und wann wirst du diesen Haufen anzünden?"

Wegen einer längeren Reise im April 1996 konnte der Prinz die Entwicklung nicht verfolgen. Vor seiner Rückkehr erhielt er ein Schreiben von den Bannermans: „Seien Sie nicht zu entsetzt über das, was Sie im Wald finden. Er sieht noch ganz nackt und unfertig aus. Die Besucher, die letzte Woche kamen, fanden es großartig – wir mussten sie verscheuchen."

Über die Inschriften für die hölzernen Tafeln auf den Rückseiten der Tempel wurde lange diskutiert. Der Prinz wünschte sich eine lateinische Inschrift, und Julian Bannerman schlug vor, den unvergessenen Ausspruch des Herzogs von Edinburgh zu übersetzen: *Quando haec ligna incenderentur?* Schließlich wählte man beschaulichere Zitate. Von Shakespeare stammen die Zeilen „Findet Worte in Bäumen, Bücher in fließenden Bächen, Predigten im Stein und Gutes überall", von Horaz die Worte „Sie meinen, dass Tugend nur ein Wort ist und ein heiliger Hain nur aus Stämmen besteht."

Ursprünglich hatte der Prinz die Stumpery als Standort für eine große Sammlung seiner geliebten Hostas geplant. Inzwischen wachsen hier auch Farne, Euphorbien und Helleboren. Zur Wiese hin findet man blaue Hosta-Sorten wie *H. sieboldiana* var. *elegans*, ‚Halcyon', ‚Hadspen Hawk' sowie *Euphorbia characias wulfenii* und

DER GARTEN VON HIGHGROVE

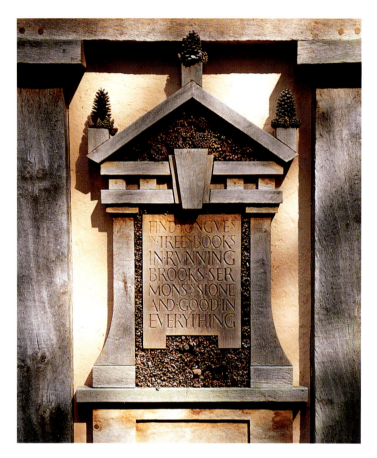
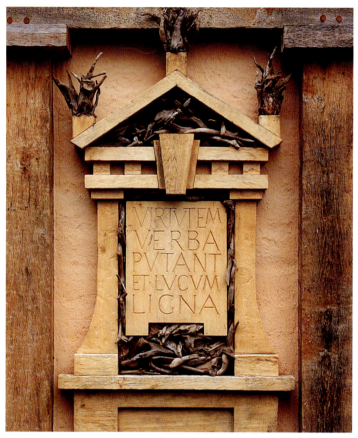

Oben: *Für die Schrifttafeln auf den Rückseiten der beiden Tempel wurde das Holz wie Stein behandelt. Als Zierstücke am Giebelfeld dienen bei der einen große Pinienzapfen, bei der anderen Wurzelstöcke, die wie Flammen aussehen.*

E. x martinii, dazu japanische Farne und Helleborus-Hybriden in dunklem Schieferblau und Grün. Der Wurzelbogen, der von Hirschzungenfarn, Asplenium und Wurmfarn bewachsen ist, führt auf die Lichtung. Hier stehen Helleborus-Hybriden in klareren Farben – Gelb, Weinrot, Grün, Schokoladenbraun und Rosa – neben Sorten mit gefleckten Blüten hoch auf der Umwallung, sodass man von unten in die zarten Blüten sehen kann. Im späten Frühling zeigt sich dann das leuchtende Grün der winterharten Farne und Hostas wie ‚Sum and Substance', ‚Devon Green', ‚Honeybells' und ‚Royal Standard'. Die Hintergrundbepflanzung aus dunkelgrünem Mäusedorn (*Ruscus aculeatus*) auf dem Kamm der Umwallung lässt die Farben der Pflanzen im Vordergrund noch intensiver leuchten. Besonders spektakulär ist der Kontrast zu den großen Gruppen von Kaiserkronen, die im Frühling blühen, und zu den höheren Sträuchern wie *Viburnum carlesii*. Eine reiche Auswahl verschiedener Pfeifenstrauch-Sorten füllt im Juni die stille Lichtung mit Blüten

Rechts: *Für den Bau der Tempel an der Ost- und der Westseite der Lichtung wurde grünes Eichenholz verwendet. Die Morgen- und die Abendsonne setzen sie ins beste Licht.*

DER GARTEN VON HIGHGROVE

Oben: *Im Sommer verströmt die wachsende Hosta-Sammlung des Prinzen zusammen mit Helleboren und Euphorbien in der Lichtung einen honigsüßen Duft.*

und Duft. Martagon-Lilien erheben ihre Blüten über die markanten Blätter der Hostas. Unter der Eiche zeigen sich im Spätsommer Alpenveilchen und Herbstzeitlose.

Nicht weit von der Stumpery legte der Prinz Steine um eine flache Bodensenke, um einen Moosgarten einzurichten. Eher zufällig entstand hier ein japanischer Garten. Der Prinz war Schirmherr des Japan-Festival, und zum Dank wurden drei Gärtner aus Kyoto nach Highgrove geschickt. Eine Steinlaterne, die per Schiff aus Kyoto kam, ist zur Hälfte eingegraben, sodass nur der obere Teil sichtbar ist.

Ein Teil der Nationalen Buchensammlung wurde zwischen dem Gehölzgarten und der Wildblumenwiese gepflanzt. Der *National Council for the Conservation of Plants and Gardens* trägt landesweit Pflanzensammlungen zusammen, um die Artenvielfalt zu erhalten. Allein in Highgrove wachsen mehr als siebzig Buchenarten. In der Nähe wurden kürzlich Gruppen von gelb- und rotstämmigen Hartriegel vor einem Hintergrund aus violetter und orangefarbener Weide gepflanzt. Das Ensemble sorgt dafür, dass der Prinz auch im Winter von seinem Schlafzimmerfenster aus einen farbenfrohen Anblick genießen kann.

WILDBLUMENWIESE UND GEHÖLZGARTEN

Rechts: *In jedem Tempel steht eine Eichenbank, die von den Bannermans nach dem Vorbild einer von William Kent gestalteten Bank in der Halle entworfen wurde.*

Unten rechts: *Skizze der Bannermans für eine der Eichenbänke.*

Es war von jeher der Wunsch des Prinzen, einen Garten zu schaffen, der das Auge erfreut, das Herz wärmt und die Seele nährt. „Ich wollte, dass mein Garten das sichtbar und greifbar macht, was ich im Inneren fühle. Ein Garten sollte dem Herzen entspringen, nicht dem Kopf." Eine Gruppe von japanischen Geschäftsleuten der *Kowa Creative Art Company* in Tokyo, die Highgrove im Juni 1996 besichtigte, zeigte sich sehr beeindruckt. Im Namen der Gruppe schrieb der Sprecher Kozo Hoshino an Mrs. Simpson, die Gartenführerin:

Unsere Klienten haben den Besuch in Highgrove sehr genossen, für viele war es der Höhepunkt der Reise. Sie sprachen noch lange davon. Die Yamadas und ich waren von dem Garten tief beeindruckt und wir sind der Meinung, dass Highgrove ein Vorreiter der Gartenkonzeption für das 21. Jahrhundert ist. Ein Garten in höchster Vollendung steht auch für eine nicht-materialistische Kulturform. Highgrove ist ein Erlebnis, das uns die Augen öffnet und klar macht, was Garten wirklich bedeuten kann. Wichtig ist auch, dass er viel darüber verrät, wer der Prinz von Wales wirklich ist.

Links: *Verblichene Baumwurzeln, die an altes, poröses Gestein erinnern, füllen die Giebelfelder aus grüner Eiche. Das Innere der Tempel ist gekalkt und in rötlichen Ockertönen gestrichen. Hinter dem Giebelfeld liegt ein Dach aus Eichenschindeln.*

DER GARTEN VON HIGHGROVE

5 Das Arboretum und der Ummauerte Garten

Die graugrüne Pforte am Ende der Wildblumenwiese, die in einem maurischen Bogen aus Cotswold-Stein liegt, ist von Haus aus gerade eben zu erkennen. Der Prinz hat sie, vom Tadsch Mahal inspiriert, als Eingang zum Ummauerten Garten und als Ende einer langen Blickflucht entworfen. Wenn man näher kommt, überrascht eine geschickte optische Täuschung, denn der vom Sonnenuhr-Garten schnurgerade hierher führende Rasenweg endet einige Meter seitlich der Mitte. Eine kleine Holzpforte, deren Blassgelb und Terrakotta der Prinz aus einer Farbtafel des 18. Jahrhundert auswählte, kündigt einen Weg an, der von einer geschwungenen Hecke eingefasst ist und so den optischen Trick des maurischen Bogens verbirgt. Die Hecke erinnert an die Serpentinenhecke in Chatsworth, einem Ort, den der Prinz besonders liebt und der ihm viele Anregungen lieferte. Die Hecke in Highgrove ist jedoch

Rechts: *Pforten von William Bertram unterteilen den Hauptweg vom Haus zum Ummauerten Garten. Die inneren Pfosten können aus ihrer Verankerung gezogen werden, damit ein Traktor hindurchfahren kann.*

Rechts: *Der Blick vom Azaleenweg über die Wildblumenwiese und den Sonnenuhr-Garten. Die Frühlingbepflanzung vor der Serpentinenhecke umfasst große Gruppen von Tulpen und Narzissen.*

DER GARTEN VON HIGHGROVE

Rechts: *Der Künstler Joe Smith stellte diese massiven Gefäße aus Schiefer her und schenkte sie dem Prinzen, der sie am Eingang zum Arboretum aufstellte.*

Rechts: *Das Arboretum war früher ein verwildertes Dickicht. 1992 nahm sich der Prinz seiner an – mit der Unterstützung von John White, dem damaligen Kurator des benachbarten Arboretums von Westonbirt.*

Unten: *Brandkraut (Phlomis russeliana) blüht im Sommer im Eingangsbereich des Arboretums.*

nicht aus Buchen, sondern eine Mischung aus Ilex, Liguster, Weißdorn, Buche, Cotoneaster und Hartriegel. In ihrem Schutz gedeiht Weihnachtsbuchsbaum, im Frühling sprießen Tulpen, später stolze Martagon-Lilien, Hosta und die hohen, gelben Blütenstände der *Phlomis russeliana* – das Brandkraut, das sich enorm verbreitet hat, erhielt der Prinz erst vor einem Jahr von einem Freund aus Shipton Moyne.

Nachdem man die magere Cotswold-Wiese mit ihrer dünnen Deckschicht aus fruchtbarer Erde überquert hat, findet man sich plötzlich in einem üppigen Waldstreifen mit einer 120 Zentimeter dicken Humusschicht. Dieser fruchtbare Streifen zieht sich über Tetbury bis zur Home-Farm, wo der landwirtschaftliche Leiter David Wilson auf dem guten Boden Gemüse anbaut.

DER GARTEN VON HIGHGROVE

Oben links und rechts:
Der amerikanische Amberbaum Liquidambar styraciflua.

Gegenüber: *Im Vordergrund leuchten die Blätter des persischen Eisenholzbaumes Parrotia persica, dahinter ragen die alten Lärchen auf, die vor der Zeit des Prinzen gepflanzt wurden.*

Schon im 18. Jahrhundert wussten die Erbauer von Highgrove, wo man einen Ummauerten Garten anlegt.

Das Arboretum mit seinem herrlichen Herbstweg, der sich von der Serpentinenhecke aus nach Osten erstreckt, ist ein Teil dieser Insel mit tiefgründigem Boden. Es ist, als ob man durch Schottland wandert. Die über 20 Meter hohen Lärchen wurden in den 1950er Jahren gepflanzt. Ursprünglich waren sie wohl eine Abschirmung zur Straße, doch als sich der Prinz 1992 diesen Bereich vornahm, sahen viele von ihnen traurig aus. Er schätzte das benachbarte Arboretum von Westonbirt, das eine der schönsten Baumsammlungen der Welt besitzt. Also suchte er den Rat des Kurators John White für die Auswahl von Bäumen mit besonders schöner Herbstfärbung. John White lieferte verschiedene Pflanzpläne. Neben Haseln, Eschen und Kirschbäumen schlug er seltenere Arten vor, etwa Federahorn *(Acer palmatum)*, der im Herbst einen Violett-Bronzeton annimmt, und den Katsurabaum *(Cercidiphyllum japonicum)* mit seinen but-

DER GARTEN VON HIGHGROVE

DAS ARBORETUM UND DER UMMAUERTE GARTEN

Links: *Buche, Hasel und ein Acer palmatum im Vordergrund malen die schönsten Herbstfarben im Arboretum.*

Links: *Acer palmatum ‚Osakazuki'.*

tergelben, pink gezeichneten Blättern. Nach dem ersten Frost verbreitet der Wind seinen Geruch von karamellisiertem Zucker. Man findet auch seltene Buchenarten, wie *Fagus sylvatica* ‚Aurea Marginata' und *F.s.* ‚Silver Wood'.

Je mehr der Prinz über Bäume lernte, umso größer wurde sein Wunsch, auch ungewöhnliche Arten zu pflanzen, um eine ähnliche Farbenpracht wie in Westonbirt zu erhalten. Im Juni 1995 entwarf John White Pläne für einen neuen Bereich. „… ich bin sicher, dass Sie hier einige Ihrer Lieblingsbäume pflanzen möchten", schrieb er an den Prinzen, „darum habe ich keine Artenliste beigefügt. Günstig wären immergrüne (8–10), mittelhohe, blühende (etwa 5) und kleine, blühende (etwa 15) Bäume." Am 9. Juli 1995 schrieb der Prinz eine Notiz an John White: „Ihr

DER GARTEN VON HIGHGROVE

Vorschlag ist großartig, denn ich würde gern versuchen, einige seltene und besonders interessante Bäume zu pflanzen, um auszuprobieren, ob sie hier überleben. Aus Kew erhielt ich kürzlich einen *Cladastris lutea* (angeblich gute Herbstfärbung!), der in den neuen Bereich passen könnte." Die jüngsten Errungenschaften des Arboretums sind eine Manna-Esche *(Fraxinus ornus)* mit einem Meer aus weißen Blüten sowie mehrstämmige Eukalyptusbäume.

Am Ende des Herbstweges liegt ein besonderer Ort, gekennzeichnet durch das „Sanctuary", das Ende 1999 buchstäblich aus dem Boden wuchs und zum Gedenken an die Jahrtausendwende im Januar 2000 vom Bischof von London geweiht wurde. Aus der Ferne erinnert der winzige, kreuzförmige Bau, vor allem wenn Schnee gefallen ist, an Russland. Tritt man näher, erkennt

Unten: *Das kleine Heiligtum schimmert zwischen Lärchen, Ahorn und Buchsbaum.*

DAS ARBORETUM UND DER UMMAUERTE GARTEN

man jedoch, dass er aus örtlichen Materialien besteht. Es passt perfekt in diesen magischen Winkel von Gloucestershire. Die Ziegel aus gebranntem Highgrove-Lehm und gehacktem Gerstenstroh sind mit Kalkfarbe in einem warmen Goldgelbton gestrichen. Für Fundament, Schornstein und Mauern wurde einheimischer Naturstein verarbeitet. Der Dachstuhl aus Eichen- und Esskastanienholz ist mit Cotswold-Schindeln gedeckt. Die Idee für das Gebäude stammt von dem Architekten Keith Critchlow und basiert auf der heiligen Geometrie harmonischer Proportionen, die zur Tradition alter Baukunst gehört und noch heute in vielen asiatischen Ländern angewandt wird.

Oben: *Das Sanctuary wurde 1999 zum Gedenken an die Jahrtausendwende errichtet, als Dank an Gott. Im Januar 2000 wurde der Bau vom Bischof von London geweiht.*

DER GARTEN VON HIGHGROVE

Links: *Der Entwurf stammt von dem Architekten Keith Critchlow. Charles Morris, der auch den Orchard Room entwarf, arbeitete ihn aus. Die Mauern bestehen aus Ziegeln aus gebranntem Highgrove-Lehm und Stroh, die verputzt und mit Kalkfarbe gestrichen wurden.*

Unten: *Das Bauunternehmen von R. Williams aus dem nahe gelegenen Berkeley führte den Bau aus. Die Steine für Säulen und Kapitelle stammen aus dem Steinbruch von Farmington.*

Keith schickte dem Prinzen dazu einen erklärenden Text aus dem *Eponimus* von Plato:

> Der Weg ist dieser – denn es ist nötig, ihn hier zu erklären: Jede Zeichnung, jedes Zahlensystem und jede Kombination von Harmonien, sogar die der Sternenbahnen, muss der Mensch, der sie richtig verstehen will, als Gesamtheit erkennen. So muss der Mensch, der lernt, den Blick für die Einheit behalten. Denn wenn wir darüber nachdenken, wird uns klar, dass es eine natürliche Einheit gibt, die all diese Elemente miteinander verbindet. Geht man jedoch anders damit um, muss man sich, wie wir sagen, auf das Glück verlassen. Denn ohne dieses Wissen wird in unseren Städten kein einziges natürliches Wesen glücklich werden…

Charles Morris entwarf die Baupläne, die Arbeiten wurden mit unglaublicher Liebe zum Detail von der gleichen Firma aus Berkeley ausgeführt, die auch den Orchard Room gebaut hatte. Über der Tür steht geschrieben „Herr, wir bitten Dich, erleuchte unsere Dunkelheit." Die Säulen aus blass gelbem Farmington-Stein – vier frei stehende außen und vier im Inneren – haben schlichte Kapitele, die in Dick Reids Atelier in York gefertigt wurden, sie zeigen die Blätter der Bäume im umgebenden Park, darunter Eichen, Buchen, Tulpenbäume, Ilex, Ahorn, Birken, Esskastanien und Weiden. Die Wände sind mit Gemüsen aus dem Garten stuckiert, auch diese als Dank für die Gaben Gottes. Die Buntglasfenster mit Motiven von Blüten und Blättern wurden von dem Künstler John Napper aus Shropshire gemalt und dem Andenken des verstorbenen Hofdichters Ted Hughes gewidmet.

Dieses Gebäude, in das so viel Liebe, Sorgfalt und Überlegung des Prinzen eingeflossen ist, wurde zu einer überzeugenden Hommage an Gott und auch an den umgebenden Garten.

Am Frühlingsweg, der von Schlüsselblumen getupft ist, steht eine Bronzeskulptur mit vier Mädchen, die sich zwischen den Bäumen zu bewegen scheinen. Die *Töchter von Odessa* wurden von dem amerikanischen Bildhauer Frederick Hart zum Gedenken an die Unterdrückung unschuldiger Opfer geschaffen und dem Prinzen zum Geschenk gemacht. Der von Waldglockenblumen eingefasste Weg führt zurück zum Ummauerten Garten,

Oben: *Die Töchter von Odessa stehen am Ende des Frühlingsweges im Arboretum. Der amerikanische Bildhauer Frederick Hart schenkte seine Skulptur dem Prinzen.*

DAS ARBORETUM UND DER UMMAUERTE GARTEN

Links: *Der Azaleenweg wurde auf Anregung des Prinzen angelegt. Die Terrakotta-Kübel stammen aus Ferone bei Florenz. Die Idee, im Sommer blühende Clematis durch die Azaleen ranken zu lassen, stammt vom Prinzen.*

Oben: *Ein ägyptisches Wandrelief in der Mauer neben dem maurischen Bogen.*

Rechts: *Eine Statue der Göttin Diana wacht über dem Azaleenweg. Die Eibenhecke dahinter korrespondiert mit den Linien des maurischen Bogens am anderen Ende des Weges.*

DER GARTEN VON HIGHGROVE

Rechts: *Der Blick zurück aus dem Ummauerten Garten. An der hohen Mauer ranken üppige Rosen ‚Leverkusen', durch die blass rosa Pforte blickt man ins Arboretum.*

vorbei an den Haselsträuchern, die der Prinz und sein Sohn Harry erst kürzlich gestutzt haben. Dieser Rückschnitt soll überall im Arboretum in traditioneller Weise alle sieben Jahre vorgenommen werden, weil der Prinz großen Wert darauf legt, diese britische Form der Gehölzkultur zu erhalten.

Jenseits der Brücke über den Haha-Graben zeigt ein Triumphbogen in einer Trockenmauer, im Kreuzverband gemauert, einmal mehr den Ideenreichtum der Bannermans und das Geschick von Fred Ind und Paul Duckett. Dahinter liegt ein anderes Land, vom Prinzen heraufbeschworen: Italien. Die Cotswolds sind kaum zu spüren. „Ich habe mich in vielen Teilen der Welt inspirieren lassen", erklärt der Prinz. „Die Idee für diesen Weg mit den großen Azaleenkübeln stammt aus der Villa Gamberaia in Florenz." Die Töpfe sind aus Ferone bei Florenz, ihre Proportionen harmonieren perfekt mit der hohen Mauer, die von Kletterrosen wie ‚Guinée', ‚Penny Lane', ‚Bobbie James' und ‚Golden Showers', von Hortensien (*Hydrangea petiolaris*) und einer japanischen Weinbeere bedeckt ist. Im Frühling blühen weiße und gelbe, duftende Azaleen wie *Rhododendron* ‚Golden Oriole' und *R. exquisitum* in den Kübeln. Es war eine Idee des Prinzen, Clematis als sommerlichen Blütenflor durch die Zweige ranken zu lassen. Unter den Clematissorten findet sich neben ‚Warszawska Nike' selbstverständlich ‚Prince Charles'. Am südlichen Ende des Azaleenweges steht eine Statue der Göttin Diana mit Pfeil und Bogen. Die Eibenhecke hinter ihr ist zu einem perfekten maurischen Bogen geschnitten, der die Form des Steinbogens am anderen Ende des Weges spiegelt. Viele der kleinen architektonischen Details, die man überall im Garten findet, gehen auf Ideen des Prinzen zurück.

In der Ziegelmauer liegt unter einer Kaskade weißer Kletterrosen eine blass rosa Pforte, der Eingang zum Ummauerten Garten, den der Prinz vielleicht von allen Gartenbereichen am meisten liebt. Er ist eine Welt für sich. Innerhalb der hohen, warmen Backsteinmauern hat alles seine nostalgische Ordnung. Die Zeit scheint stehen zu bleiben. Der Garten liegt an einem sanften Südhang. An einem Juliabend kann man sich kaum einen schö-

DAS ARBORETUM UND DER UMMAUERTE GARTEN

DER GARTEN VON HIGHGROVE

neren oder üppigeren Ort vorstellen. Die Proportionen wirken auf unerklärbare Weise vollkommen, ein schöner Rhythmus herrscht zwischen Blumen und Bäumen. Apfelbäume bilden schattig kühle Tunnel, die sich über von Helleboren gesäumte Wege spannen. Wicken und Feuerbohnen klettern an Bögen aus Haselruten empor und beschatten die schmalen, von Ziegeln und Buchsbaum eingefassten Wege, die diagonal durch den Garten verlaufen. Pinkfarbene *Rosa mundi* quillt über den Buchs an den Wegen, die zu Lauben mit weißen Glyzinien, Rosen, Clematis und Geißblatt führen. Violette Karotten, rote Salatköpfe, Kartoffeln und Rosenkohl füllen die Beete zu beiden Seiten. Zwei der Gemüsebeete sind diagonal durch ein Andreaskreuz geteilt, die beiden anderen durch ein Georgskreuz.

Ein breiter Kiesweg führt rund um das 4000 m² große Areal, entlang der Mauer, die mit Rosen, fächerförmig gezogenen Nektarinen, Pflaumen, Kirschen, Äpfeln und Spalierbirnen bedeckt ist. Baumlupinen, Akelei, dicke Polster von Greiskraut und verschiedenem Rosmarin quellen über den Wegrand. Ein zentraler Weg führt in die Mitte des Gartens, wo Wasser aus einem moosigen Brunnen plätschert und über zwei Stufen in ein rundes Becken tropft. Wasserläufer huschen über die Oberfläche ins Schilf, im Wasser schwimmen prächtige Koi-Karpfen, ein Geschenk von Sir Yehudi Menuhin. Den Rahmen bildet eine Rosmarinhecke, duftende Kräuter wie Thymian, Salbei, Raute und Verbene wachsen im Kies. Dahinter steht ein Kreis aus kugelig getrimmten Holzapfelbäumen. Üppige Staudenbeete erstrecken sich nach Norden und Süden. Bei der Umgestaltung im Jahre 2000 fand eine große Salbei-Sammlung ihren Platz, darunter die Sorten *Salvia confertiflora*, *S. leucantha*, *S. mexicana* und *S. involucrata*. Eine von Leon Krier entworfene Bank steht unter einer Laube, an der die Rosen ‚Etoile de Hollande' und ‚Evangeline' ranken. Wer hier lange genug sitzt kann den Schachbrettfalter, den kleinen Fuchs, den Admiral, das große Ochsenauge und den Faulbaumbläuling beobachten. Der *genius loci* ist hier überaus präsent, beschworen von dem Relief des Grünen Manns von Nicholas Dimbleby in einer Ecke der Mauer.

Links: *Senecio greyii* quillt am Fuß der Mauer unter Blütenwolken der Rose ‚Bobby James' über die Wegränder und nimmt den Buchsbaumeinfassungen der Gemüsebeete etwas von ihrer Strenge.

Oben: *Das Bronzerelief des Grünen Manns schmückt eine ruhige Ecke des Ummauerten Gartens. Es stammt von dem Bildhauer Nicholas Dimbleby.*

1980 war dies ein trauriges Stück Erde. Ein großer Teil der Nordmauer war eingerissen worden, um Traktoren die Durchfahrt zu ermöglichen. Angebaut wurden ausschließlich Kartoffeln. Obwohl Teile der Mauer fehlten, war der Prinz begeistert. In *A Vision of Britain* schrieb er:

Eine der größten Freuden der Architektur ist das Gefühl einer gut gestalteten Einfriedung. Es ist eine sehr elementare Idee

Oben: *An der westlichen Mauer wuchern unter den Obstspalieren Polster aus Salbei und Rosmarin bis in den Kiesweg.*

DAS ARBORETUM UND DER UMMAUERTE GARTEN

mit Tausenden von Varianten, die im Rahmen jedes Baus zu verwirklichen ist – vom einzelnen Raum bis zum Inneren der St.-Paul's-Kathedrale, vom öffentlichen Platz bis zum ummauerten Garten. Der Maßstab kann groß oder klein sein, die Materialien antik oder modern, immer jedoch schafft das Gefühl der Zusammengehörigkeit, der Kontinuität und der Umschlossenheit einen eigenen Zauber. Die Anwendung dieser Prinzipien gibt dem Ort etwas Einzigartiges … Das Geheimnis umschlossener Bereiche ist, dass sie nur wenige Eingänge haben sollten. Sind es zu viele, geht die beschützende Atmosphäre verloren.

Der Prinz verbrachte in seiner Jugend lange Sommer auf Balmoral und Birkhall, und wann immer sich die Gelegenheit bot, zog er sich in den Schutz des Küchengartens zurück. Er wollte schon immer Gemüse anbauen. „Ich liebte schon damals die ummauerten Gärten. Ich konnte umherschlendern, Erbsen pflücken und sie roh essen – und Erdbeeren." Der Prinz behauptet, er habe nichts über Gärtnerei gewusst, ehe er nach Highgrove kam. Tatsächlich hat er sie wohl im Blut. Seine Großmutter ist eine legendäre Gärtnerin und Präsidentin der *Garden Society*. Mit König George VI. schuf sie quasi aus dem Nichts den herrlichen Garten der Royal Lodge. Ihre Gärten im Castle of Mey und in Birkhall sind beispielhaft, und der Prinz hat zweifellos – wenn

Unten: Geheimnisvolle Koi-Karpfen, ein Geschenk von Sir Yehudi Menuhin, verstecken sich unter den Seerosenblättern im Wasserbecken.

Links: Durch einen schattigen Tunnel aus Apfelbäumen sieht man den moosbewachsenen Brunnen in der Mitte des Ummauerten Gartens. Rings um den Brunnen breiten sich ungehindert verschiedene Kräuter aus.

Unten: Der Springbrunnen nach einer Frostnacht.

DER GARTEN VON HIGHGROVE

auch vielleicht unbewusst – diese Pracht in sich aufgenommen. Sein erstes bewusstes Gartenerlebnis als junger Mann war der Ummauerte Garten in Crichel (Dorset), an dessen Gestaltung Lady Salisbury beteiligt gewesen war.

In Highgrove musste man zunächst mit schwerem Gerät in den Ummauerten Garten fahren und aufräumen - eine Radikalkur. Gemeinsam mit Lady Salisbury zeichnete der Prinz Pläne, die in Cranborne und Highgrove lange diskutiert wurden. Entscheidende Anregungen bezog der Prinz aus den berühmten Gärten von Villandry im Tal der Loire, die im späten 19. Jahrhundert entstanden und vermutlich die aufwändigsten Gemü-

DAS ARBORETUM UND DER UMMAUERTE GARTEN

Rechts: *Mit Ziegeln gepflasterte und von Buchs eingefasste Wege unterteilen die Gemüsebeete. Über einige von ihnen spannen sich Bögen aus Haselruten, an denen im Sommer Wicken und Feuerbohnen in die Höhe ranken.*

Oben: *Die Blüten des Ornithogalum arabicum.*

Links: *Apfelbäume an eisernen Spalierbögen überspannen den Hauptweg, der sich in Ost-West-Richtung durch den Garten zieht. Die Unterpflanzung besteht aus Helleboren.*

Unten links: *Der Prinz bei der Apfelernte.*

DAS ARBORETUM UND DER UMMAUERTE GARTEN

Gegenüber: Der Blick nach Osten durch den Rosenweg, der gleich hinter der Südmauer des Gemüsegartens beginnt.

Unten: Die Kronen der ‚Golden Hornet'-Holzapfelbäume, die den mittleren Bereich des Gemüsegartens umringen, sind zu Kugeln getrimmt.

segärten der Welt sind. Hunderte von Gärtnern waren damit beschäftigt, den Garten rund ums Jahr in seiner prächtigen Form zu halten. Die Folge war jedoch, dass die ausgeklügelte Symmetrie verloren ging, wenn man nur einen einzigen Kohlkopf aus dem falschen Beet erntete. Die ersten Entwürfe für den Gemüsegarten von Highgrove waren so kompliziert, dass der Prinz fürchtete, er müsse wohl einen einbeinigen Gärtner engagieren, der von einem winzigen Beet ins nächste hüpfte. Der endgültige Plan war eine wesentlich schlichtere und viel englischere Version von Villandry – eine ausgesprochen originelle und ungewöhnlich schöne Kombination von Gartenarchitektur mit dem Anbau von hochwertigem Obst und Gemüse.

Es dauerte fast zweieinhalb Jahre, bis die Grundstruktur fertig war. Die Ziegelwege und die Ziegelkanten der Kieswege wurden von Fred Ind und Cecil Gardiner verlegt. Dann wurden Wagenladungen von gut verrottetem Stallmist in den Boden eingearbeitet. Inzwischen waren die Beete, in denen die Pflanzen vorübergehend eingepflanzt worden waren, bis zum Überquellen voll. Viele Hochzeitsgeschenke waren darunter, wie Obstbäume von der *Worshipful Company of Fruiterers* und Kräuter vom *Women's Institute* (Gruppe Sussex).

Selbstverständlich wurde der Garten von Anfang an organisch bebaut. Das war besonders bei den Äpfeln nicht einfach. Viele von ihnen sind anfällig für Baumkrebs, andere für Fäulekrankheiten – doch nach Ansicht des Prinzen gibt es keine Rosen ohne Dornen. Der Zauberer hinter den Kulissen ist Dennis Brown. Sein Gemüseanbau ist über Englands Grenzen hinaus Legende. Er hat von seinem Vater die alte Tradition des Gartenbaus gelernt, niemals Chemikalien eingesetzt und kauft außer Samen für neue Gemüsesorten nichts zu. 1984 wurde Dennis, der in der Nähe von Badminton lebte, dem Prinzen von Paddy Whiteland als Genie des Gemüseanbaus empfohlen. Der Prinz schlug ihm eine Stelle auf Highgrove vor. „Es war mutig, mich einzustellen", gibt Dennis Brown zu, der vorher für die Familien Beaufort Hunt und Atherstone gearbeitet hatte. „Ich hatte mein Leben lang Hunde ausgebildet, die Gärtnerei war nur mein Hobby. Naja, ich hatte auf der großen Ausstellung eine Menge Preise für meinen Lauch, meine Zwiebeln und so weiter gewonnen."

DER GARTEN VON HIGHGROVE

Dennis Brown schiebt jedes Jahr fast hundert Schubkarren voll Mist in den Garten, den er im Frühling untergräbt. Er gärtnert nicht nach Lehrbüchern oder festen Regeln, sondern mit der Natur und seinem Instinkt. Er ist emsig und genügsam, und er hat einen Blick für die Schönheit des traditionellen, ländlichen Gartens. Schnecken bekämpft er mit Ruß, und am liebsten baut er Gemüse an, das der Prinz gern isst, statt nur aus Selbstzweck mit seltenen Sorten zu experimentieren. „Die Kartoffelsorte Charlotte liebt er", sagt Dennis. Er führt Buch über die sechzehn Beete im Gemüsegarten, von denen einige zwei Mal

Oben: *Dennis Brown ist der Meister des Gemüsegartens. Er herrscht über die langen Reihen makelloser Pflanzen.*

Rechts: *Des Prinzen Lieblings-Erdbeersorte ‚Happil'. Die ersten Pflanzen kamen aus Sandringham.*

im Jahr bepflanzt werden, und kann so die richtige Fruchtfolge festlegen. Er pflanzt Spinat nach dem Frühlingskohl und setzt anschließend Karotten. Auf die frühen Erbsen folgt Lauch, auf Salat Kartoffeln. „Er ist ein Wunder", erklärt der Prinz.

Die Tür in der Südmauer ist von zwei Obelisken bekrönt. Sie führt zu den Rhabarber-Töpfen und zum Beerenkäfig, wo die Erdbeersorte ‚Happil' zum Naschen einlädt.

Die Anregung für den Rosenweg fand der Prinz im Garten von Iris Origo in der Toskana. Zwischen ‚Pink Perpetue', ‚Dublin Bay', ‚Breath of Life', ‚Paul's Himalayan Musk' und ‚White Cockade' ranken sich Jasmin und verschiedene Geißblattsorten wie *Lonicera x americana, L. periclymenum* ‚Serotina' und *L. periclymenum* ‚Belgica'.

Nach Osten hin gelangt man durch den Rosenweg wieder zum Azaleenweg, im Westen führt er vorbei an den Aufzuchtbeeten zu den Gewächshäusern. Das erste Gewächshaus ist nach Süden ausgerichtet. Es ist zum Überquellen voll mit Baumfarnen, Alpenveilchen, Hoyas, Orangen-, Zitronen- und Grapefruitbäumen, leuchtend rosa Weihnachtskakteen, Jasmin, Königspelargonien, Orchideen, Clivien, Engelstrompeten, ‚Paper White'-Narzissen und Hyazinthen, die das Haus schmücken, wenn der Prinz auf Highgrove weilt. Unter den Regalen trocknet Dennis Erde auf Plastiksäcken. Diesen Kompost wird er später für eine Topfsubstrat-Mischung nach eigenem Rezept verwenden. Von Haken hängen Samenstände herab, die hier nachreifen, um später ausgesät zu werden. Sein berühmter Lauch wird schon im November in Anzuchtschalen gesät.

Oben: *Der Prinz im alten Gewächshaus, in dem die Pflanzen für das Haus gehalten werden.*

Rechts: *Eine Ecke zwischen Topfschuppen und Apfellager. Hier stehen die Haselruten, die im Arboretum und den Wäldern von Highgrove geschnitten werden.*

Rechts: *Die Geranien werden zum Überwintern ins alte Gewächshaus geräumt. Im Spätherbst kann man ihre Blüten durch das beschlagene Glas erkennen.*

Oben: *Im neuen Gewächshaus sind die Pflanzen für den Orchard Room untergebracht.*

Unten: *Die Idee für den Rosenweg hinter dem Ummauerten Garten geht auf einen Besuch des Prinzen in Iris Origos Garten in der Toskana zurück.*

Das neue, nach Norden ausgerichtete Gewächshaus im gotischen Stil ist in zartem Grau gestrichen. Es wurde 1999 gebaut, um Platz für die Pflanzen zur Dekoration des Orchard Room zu schaffen. Auf eleganten Holzregalen stehen Caladien, Leoparden-Lilien, Fensterblatt, Streifenfarn, verschiedene Orchideen wie Phalaenopsis, Oncidium und Cymbidium sowie Blattbegonien. Die Gewächshäuser sind das Reich von Gilly Hayward, einer jungen Frau aus Somerset, die hier auch die Jungpflanzen für die stetige Verjüngung des Gartens heranzieht. Sie kümmert sich liebevoll um ihre Pflanzenkinder und erkundigt sich regelmäßig nach ihnen, wenn sie längst ihren Platz im Garten bezogen haben. Von der Courson-Pflanzenmesse bei Paris brachte sie eine dunkelblaue *Salvia discolor* mit weiß behaarten Blättern mit und zog aus dieser einen Pflanze vierzig Stecklinge heran.

Im Gewächshaus ist organischer Gartenbau schwierig. Eine einzige Schnecke kann enormen Schaden anrichten, Bierfallen

DER GARTEN VON HIGHGROVE

Rechts: *Der Rosenkohl ‚Peer Gynt' in akkuraten Reihen in einem der Beete des Gemüsegartens.*

Unten: *Dennis Brown sorgt für optische Überraschungen, indem er verschieden farbige Salatsorten in Reihen anordnet. Das Bild zeigt beinahe erntereife Köpfe der Sorten ‚Four Seasons', ‚Lollo Rosso', ‚Green Salad Bowl' und ‚Red Salad Bowl'.*

Oben: *Die graugrünen Stiele der Zwiebelsorte ‚Stuttgarter' vor einem Hintergrund aus leuchtend gelbem Senecio greyii.*

DAS ARBORETUM UND DER UMMAUERTE GARTEN

Oben und rechts:
Verschiedene Apfelsorten werden für den Winter eingelagert. Viele Äpfel werden an die Priory, das örtliche Altersheim, und das Krankenhaus von Tetbury geliefert.

Links: Eine Schubkarre mit Obst und Gemüse, das für die Küche von Highgrove bestimmt ist.

Nächste Seite: Sieht man den Ummauerten Garten aus der Luft, erkennt man das Muster der Andreas- und Georgskreuze. Vor der Südmauer liegen die Aufzuchtbeete.

159

DER GARTEN VON HIGHGROVE

halten sie nicht unbedingt von Pelargonien fern. Gegen weiße Fliegen setzt Gilly Raubwespen ein *(Encarssia formosa)*, die sie von der *British Crop Protection Organization* in Ashwood (Kent) bezieht. Beinwelljauche als Dünger, ebenso wie Blut-, Fisch- und Knochenmehl, stellt sie selbst her.

Der hintere Teil des neuen Gewächshauses ist ein idealer Topfschuppen. Die hohen Fenster blicken nach Süden auf ein kleines, von Mauern geschütztes Beet, auf dem Dennis Zucchini und Mangold anbaut. An der Westwand wächst Gillys Beinwell in dichten Reihen. Drinnen findet man unter dem Fenster eine Arbeitsfläche aus kühlem Zinn – und deutliche Spuren von Arbeit. Hier werden Pflanzen geteilt oder umgetopft. Im dunkleren Hintergrund stehen große Behälter mit Kies, Sand und Erde, die Dennis siebt und dann mit Laubmulch zu seinem Spezialsubstrat mischt.

Neben dem Topfschuppen liegt in der Ecke dieses kleinen ummauerten Gartens das kleine, zweistöckige Apfellager, der vielleicht aufregendste Teil dieses Bereiches. Es ist ein kühler, dunkler Raum mit einem Boden aus Kopfsteinpflaster und einer Leiter zur oberen Etage. Auf großen Regalen lagern ‚Formosa Nonpareil', ‚Golden Knot', ‚Cornish Aromatic' und ‚Lady's Delight' – Äpfel von den Bäumen rings um den Orchard Room und aus dem Ummauerten Garten. Es duftet nostalgisch. „Als die Prinzen klein waren, war dies einer ihrer Lieblingsplätze", erinnert sich Dennis.

„... Der erstaunlichste Bereich der ganzen, so schnell fertig gestellten Anlage ist vielleicht der ummauerte Küchengarten", schrieb Victoria Verrier, Leiterin der *Taunton Parks and Amenities,* nach ihrem Besuch in Highgrove im Juni 1994. „Die Buchsbaumhecken, die Apfel-Bögen – wenn ich richtig verstanden habe, basiert die ganze Anlage auf dem Sinn des Prinzen für Gestaltung und die Erhaltung aller guten Elemente der traditionellen englischen Gartenkultur." Tatsächlich ist hier alles gelungen. Im Grunde ist die Fürsorge, die der Prinz seinem Garten angedeihen lässt, teilweise auch eine Form der Religion. Er hat einen Mikrokosmos geschaffen, der die Grundregeln des Universums spiegelt. Als vor dreißig Jahren E. F. Schumacher mit seinem Buch *Small is Beautiful* Aufsehen erregte, fragten viele Menschen: „Was kann ich konkret tun?" Er meinte: „Die Antwort ist ebenso einfach wie verwirrend. Jeder von uns kann daran arbeiten, sein inneres Haus in Ordnung zu halten. Die Anleitung, die wir dafür brauchen, finden wir nicht durch Wissenschaft und Technologie, deren Wert letztlich von dem Zweck abhängt, dem sie dienen. Wir können sie jedoch im traditionellen Wissen der Menschheit finden."

DAS ARBORETUM UND DER UMMAUERTE GARTEN

Organischer Gartenbau in Highgrove

von David Howard, Chefgärtner

Unser Ziel in Highgrove ist es, Gartenbau in Harmonie mit der Natur zu betreiben und die Naturgesetze nicht zu verletzen. In den letzten zwanzig Jahren haben mehrere Tausend Menschen das Anwesen besucht und gesehen, dass es möglich ist, Pflanzen mit Methoden zu halten, die im Einklang mit der Natur stehen, und ohne Chemikalien auszukommen. Seine beeindruckende Leistung in Highgrove hat dem Prinzen den Ruf eines modernen Pioniers des organischen Gartenbaus eingetragen.

Den wenigsten ist die Bedeutung des Bodens für das Leben der Menschen bewusst. In Highgrove haben wir es zur Priorität gemacht, die Fruchtbarkeit des Bodens zu erhalten, und wir bemühen uns, in einem möglichst geschlossenen System zu arbeiten. Seit ich eingestellt wurde, habe ich ein Kompostierungsverfahren entwickelt, bei dem in nur zwölf Wochen ein Endprodukt mit hohen Nährstoffgehalt entsteht - eine sehr effiziente Kreislaufwirtschaft.

Meine erste Aufgabe war es, den Bedarf festzulegen. Wie jeder andere Gärtner musste ich entscheiden, welche Endprodukte wir wünschten. Ein guter, nahrhafter Kompost ist als Mulch für alle Blumenbeete erforderlich. Er wird auf der Oberfläche der Beete verteilt, sodass die Würmer ihn langsam einarbeiten können. Im Gegensatz zu den meisten anderen Gärtnern bemühen wir uns, eher den Boden als die Pflanzen zu ernähren.

Wir versuchen, den Garten möglichst autonom zu organisieren und wenig dazu zu kaufen. Wir haben angefangen, unsere eigene Kübel- und Anzuchterde herzustellen, und auch dafür muss der selbst produzierte Kompost geeignet sein. Der Kompost für die Pflanzsubstrate ist exakt der gleiche, den wir auch als Mulch verwenden, er wird lediglich gesiebt. Für die Zukunft planen wir die Anschaffung eines Siebes mit Motorbetrieb – einer Platte mit einem Maschenquerschnitt von 2,5–5 cm, durch die der Kompost bei hoher Geschwindigkeit gerüttelt und dadurch sehr gut aufgelockert wird.

Das Kompostierungsverfahren von Highgrove ist insofern ungewöhnlich, weil wir verschiedene Rotteprozesse unterscheiden, um Endprodukte zu erhalten, die für unsere Bedürfnisse maßgeschneidert sind. Wir arbeiten mit aeroben Bakterien, die zur Produktion des Komposts für Mulch und Substrate Luftsauerstoff benötigen. In separaten Mieten stellen wir Laubmulch her. Hierbei haben die anaeroben Pilzaktivitäten das Übergewicht. Diese beiden Produkte unterscheiden sich erheblich in Nährstoffgehalt und Struktur, und sie werden für völlig verschiedene Zwecke eingesetzt.

Es gibt nur wenige Einrichtungen, in denen die Produktion von reinem Laubmulch in großem Stil betrieben wird. Wir haben festgestellt, dass wir in nur einem Jahr hochwertigen Laubmulch herstellen können, während sonst drei Jahre üblich sind. Traditionell wird Laubmulch ausschließlich mit Hilfe von anaeroben Pilzkulturen erzeugt. Indem wir einen Anteil Rasenschnitt zufügen und die Mieten regelmäßig umsetzen, konnten wir die Pilzaktivitäten durch einen bakteriellen Rotteprozess ergänzen. Die Blätter werden mit einem Saugmäher eingesammelt und gleichzeitig zerkleinert. Dadurch wird die Oberfläche vergrößert, auf der Bakterien und Pilze aktiv werden, der Prozess wird also beschleunigt.

Unser Laubkompost unterscheidet sich grundlegend von dem Kompost, den wir in der benachbarten Miete herstellen. Er enthält wenig Nährstoffe und ähnelt durch seine faserreiche Beschaffenheit Torf, er wird auch ähnlich eingesetzt. Wie der Kompost ist Laubmulch ein wesentlicher Bestandteil unserer Pflanzsubstrate.

Kurz nach meiner Einstellung wurde ein mechanisches Grabegerät angeschafft. Es ist eine kleine Maschine, die man in die Kompostboxen fahren kann. Mit ihr werden die Mieten einmal in der Woche gewendet. Auf diese Weise wird Luft eingearbeitet, was den Rotteprozess beschleunigt. Außerdem mischen wir Stroh unter den Kompost, um das Gleichgewicht von Kohlenstoff und Stickstoff zu bewahren und zu verhindern, dass der Rasenschnitt zu einem klebrigen Schlamm wird. Mit dieser Methode erhalten wir in nur zwölf Wochen hochwertigen Kompost.

Trotz der Temperaturen, die im Sommer im Zentrum der Miete auf 80°Celsius ansteigen können, kompostieren wir keine schädlichen mehrjährigen Unkräuter. Die Erfahrung hat gezeigt, dass Ackerwinde, Giersch, Disteln und Sauerampfer durchaus in der Lage sind, den Kompostierungsprozess zu überleben.

Im Winter dauert die Erwärmung der Mieten länger. In diesem Fall setzen wir Hühnermist als Beschleuniger ein. Außerdem isolieren wir den Kompost, indem wir Stroh zwischen die Trennwände der Mieten schieben und die Oberfläche abdecken.

Unsere selbst hergestellte Topf- und Aussaaterde hat sich als sehr hochwertig erwiesen. Kommerzielle Erden enthalten Chemikalien, die ein schnelles Wachstum begünstigen. Sämlinge, die man darin heranzieht, schießen wässrig und schwach in die Höhe. Dadurch sind sie beim Pikieren empfindlicher. Wir versuchen, ein stickstoffreiches Substrat mit langsamer Nährstoffabgabe zu erzeugen. Wird zusätzlicher Stickstoff benötigt, geben wir organische Substanzen wie Fisch-, Knochen- oder Blutmehl zu. In der Regel benötigen nur Pflanzen, die drei oder vier Jahre in einem Kübel bleiben sollen, solche Zusatzdüngung. Die Gartenpflanzen gedeihen in der Mulchschicht aus Kompost, die von den Bodenorganismen langsam in die Erde eingearbeitet wird. Gewächshaus- und Topfpflanzen erhalten ebenfalls organische Düngemittel, die wir selbst produzieren.

Viele Menschen fürchten, dass sie im Kampf gegen Schädlinge und Krankheiten machtlos sind, wenn sie sich dem organischen Gartenbau zuwenden. Wenn wir die synthetischen Waffen wie Herbizide, Fungizide und Insektizide aus unseren Gärten verbannen, ist mehr Eigeninitiative gefragt. In Highgrove beobachten wir alle unsere Pflanzen sehr genau und kontrollieren ihre natürliche Widerstandsfähigkeit gegen Krankheiten. Unter den Rosen zeigte sich Rosa mundi als besonders widerstandsfähig, ebenso wie die meisten anderen Mitglieder der Rugosa-Familie. Die Gallica-Rose ‚Tuscany Superb' lässt schon beim kleinsten Anflug von Sternrußtau die Blätter fallen, während ‚Charles de Mills', ebenfalls eine Gallica, wesentlich robuster ist. Nach ähnlichen Kriterien wählen wir unsere Obstbäume aus. Am wichtigsten ist aber wohl unser Glaube, das Perfektion etwas ist, nach dem man zwar streben sollte, das man jedoch selten erreicht.

Nach zwanzig Jahren des organischen Gartenbaus herrscht hier eine natürliche Harmonie, in der sich der Schädlingsbefall in erträglichem Rahmen hält. Schnecken machen kaum Probleme, weil die Vögel sie aufpicken. In den Gewächshäusern werden Schädlinge von Hand abgesammelt, daneben setzen wir Raubinsekten ein, um ihr Aufkommen einzudämmen. Diese müssen, ebenso wie der feine Sand in unseren Pflanzsubstraten, gekauft werden. Sie haben sich aber im Vergleich zu chemischen Mitteln als wesentlich preiswerter erwiesen. Außer den Steckzwiebeln, die wir stets im Frühling kaufen, zählen Sand und Raubinsekten zu den wenigen Dingen, die wir von außen in den Garten holen.

Wenn ich Gruppen durch den Garten führe, werde ich oft gefragt, ob man unsere Methoden auch im privaten Garten anwenden kann. Ich erkläre dann immer, dass man im Grunde nur in einem kleineren Maßstab denken und das eigene Grundstück auf umweltverträgliche Weise bearbeiten muss. Wie man es auch nennt: es läuft immer auf das Gleiche hinaus – mit den Kräften der Natur zusammenzuarbeiten und ihre Gesetze zu akzeptieren. Das Wichtigste ist der Boden. Und wenn sich jeder sorgfältig um sein Fleckchen Erde kümmern würde, gäbe es keine Probleme.

Organischer Gartenbau ist nicht schwierig. Man muss sich aber bewusst sein, dass Perfektion ein Ziel in weiter Ferne ist. Das Nahziel sollte sein, einen harmonischen Garten zu schaffen. Wenn der Garten Probleme bereitet, suchen Sie in der Natur nach Antworten. Ich habe einen tiefen Glauben an die Natur, und aus ihm schöpfe ich das Selbstbewusstsein, in Highgrove den Garten des Prinzen zu bestellen.

Weitere Informationen über organischen Gartenbau erhalten Sie von der Henry Doubleday Research Association, Wolston Lane, Ryton on Dunsmore, Coventry CV8 3LG.

DER GARTEN VON HIGHGROVE

Pflanzenlisten

Diese Liste ergänzt die Angaben im Text, umfasst jedoch nicht alle vertretenen Arten.

Der Blick aus dem Haus

Sonnenuhr-Garten
BEETE
Buxus sempervirens Immergrüner Baum
Tulipa ‚Black Parrot' Zwiebelgewächs
Viola cornuta ‚Alba' Staude
Convallaria majalis Staude
Helleborus orientalis (weiße Form) Immergrüne Staude
Convolvulus cneorum Immergrüner Strauch
Aquilegia ‚Magpie' Staude
Tulipa ‚Queen of Night' Zwiebelgewächs
T. ‚Maureen' Zwiebelgewächs
Verbascum phoeniceum ‚Album' Staude
Phlox paniculata alba Staude
Ophiopogon planiscapus ‚Nigrescens' Immergrüne Staude
Agapanthus africanus ‚Albus' Staude
Lunaria annua ‚Alba Variegata' Einjährige
Heuchera ‚Plum Puddin'' Immergrüne Staude
H. ‚Chocolate Ruffles' Immergrüne Staude
Clematis recta Staude
Geranium phaeum ‚Album' Staude
Lupinus ‚Polar Princess' Staude
Gypsophila Staude
Pittosporum tenuifolium ‚Tom Thumb' Immergrüner Strauch
Parahebe Immergrüner Strauch
Primula denticulata Staude
Aquilegia ‚William Guinness' Staude
Helleborus torquatus Staude
Iris chrysographes Rhizom-Staude
Digitalis purpurea albiflora Zweijährige
Spiraea nipponica ‚Snowmound' Laub abwerfender Strauch
Viola ‚Molly Sanderson' Staude
V. ‚Springtime Black' Staude
Rosa ‚Iceberg' Laub abwerfender Strauch
Eupatorium rugosum ‚Chocolate' Staude
Geranium clarkei ‚Kashmir White' Staude
Papaver orientale ‚Perry's White' Staude
Scabiosa ‚Ace of Spades' Staude
Salvia discolor Halb-immergrüne Staude
Aster latiflorus ‚Lady in Black' Staude
Aquilegia vulgaris ‚Munstead White' Staude
Dianthus ‚Mrs Sinkins' Staude
Exochorda x *macrantha* ‚The Bride' Laub abwerfender Strauch
Aquilegia ‚Black Barlow' Staude
Lysimachia clethroides Staude
Pulsatilla vulgaris ‚Alba' Staude
Lablab ‚Black Knight' Einjährige
Tulipa ‚White Dream' Zwiebelgewächs
Galanthus ‚S. Arnott' Zwiebelgewächs
Anthriscus sylvestris ‚Ravenswing' Staude
Hydrangea arborescens ‚Annabelle' Laub abwerfender Strauch
Berberis thunbergii ‚Helmond Pillar' Immergrüner Strauch
Lamium maculatum ‚White Nancy' Staude
Iris ‚Black Swan' Zwiebelgewächs
Alcea rosea ‚Nigra' Staude
Polemonium caeruleum var. *album* Staude
Malva moschata f. *alba* Staude
Tulipa ‚Mount Tacoma' Zwiebelgewächs
Cornus alba ‚Kesselringii' Laub abwerfender Strauch
Dahlia ‚Bishop of Llandaff' Zwiebelgewächs
Clematis florida ‚Seiboldii' Laub abwerfende Kletterpflanze
Clematis ‚Early Sensation' Laub abwerfende Kletterpflanze

Sonnenuhr-Garten
BEET AM HAUS
Viburnum x *bodnantense* Laub abwerfender Strauch
Fremontodendron Halb-immergrüner Strauch
Physocarpus opulifolius ‚Diabolo' Laub abwerfender Strauch
Iris unguicularis Zwiebelgewächs
Jasminum officinale Laub abwerfende Kletterpflanze
Choisya ‚Aztec Pearl' Immergrüner Strauch
Solanum crispum ‚Glasnevin' Laub abwerfende Kletterpflanze
Sambucus ‚Black Knight' Laub abwerfender Strauch
Rosa ‚Madame Hardy' Laub abwerfender Strauch
Viburnum tinus Immergrüner Strauch
Euonymus fortunei ‚Emerald Gaiety' Immergrüner Strauch

Hausfassade
Rosa ‚Mermaid' Laub abwerfende Kletterpflanze
Jasminum nudiflorum Laub abwerfender Strauch
Vitis coignetiae Laub abwerfende Kletterpflanze
Hedera colchica ‚Paddy's Pride' Immergrüne Kletterpflanze
Mahonia japonica Immergrüner Strauch
Rosa ‚Felicia' Laub abwerfender Strauch
Senecio ‚Sunshine' Immergrüner Strauch
Viburnum davidii Immergrüner Strauch
Quercus ilex Immergrüner Baum

Terrasse
Prunus lusitanica Immergrüner Baum
Choisya ternata Immergrüner Strauch
Smilacina racemosa Staude
Rosa ‚Pearl Drift' Laub abwerfender Strauch
Senecio ‚Sunshine' Immergrüner Strauch
Helleborus orientalis-Hybriden Immergrüne Staude
Viburnum carlesii ‚Aurora' Laub abwerfender Strauch
V. x *carlcephalum* Laub abwerfender Strauch
Euphorbia myrsinites Immergrüne Staude
Anaphalis triplinervis Staude
Olearia x *scilloniensis* Immergrüner Strauch
Hebe ochracea ‚James Stirling' Immergrüner Strauch
Rosa ‚Sander's White Rambler' (Trauerhochstamm) Laub abwerfender Strauch
Echinops ritro Staude
Philadelphus coronarius ‚Aureus' Laub abwerfender Strauch
Lonicera pericyclamen ‚Graham Thomas' Laub abwerfende Kletterpflanze

Aucuba japonica ‚Crotonifolia'
  Immergrüner Strauch
Alchemilla mollis Staude
Melissa officinalis ‚All Gold' Staude

Saures Beet
Arisaema candidissimum Staude
Erythronium ‚Pagoda' Staude
Gentiana speciosum Staude
Lilium regale Staude
Corydalis solida Staude
Galium odoratum Staude
Wisteria floribunda Laub abwerfende
  Kletterpflanze
Rosa ‚Wedding Day' Laub abwerfende
  Kletterpflanze
Mitraria coccinea ‚Lake Puje'
  Immergrüne Kletterpflanze

Springbrunnen-Garten
IM UHRZEIGERSINN VOM GLADIATOR
Origanum vulgare ‚Aureum' Staude
Verbena bonariensis Staude
Achillea filipendulina ‚Gold Plate' Staude
Salvia officinalis ‚Icterina' Staude
S. candelabrum Immergrüner Strauch
Perovskia atriplicifolia Staude
Rosa ‚Charles de Mills' (Gallica) Laub
  abwerfender Strauch
R. ‚Cardinal de Richlieu' (Gallica) Laub
  abwerfender Strauch
Lavandula stoechas Immergrüner
  Strauch
Teucrium fruticans Staude
Nepeta x *faassenii* Staude
Rosa ‚Tuscany Superb' (Gallica) Laub
  abwerfender Strauch
R. Winchester Cathedral Laub
  abwerfender Strauch
R. ‚Charles de Mills' (Gallica) Laub
  abwerfender Strauch
Iris barbata ‚Leda's Lover' Staude

Der Cottage-Garten
Pergola
Clematis ‚Mrs George Jackman' Laub
  abwerfende Kletterpflanze
Rosa ‚Crimson Glory' Laub abwerfender
  Strauch
Clematis campaniflora Laub abwerfende
  Kletterpflanze
C. ‚Comtesse de Bouchard' Laub
  abwerfende Kletterpflanze
Rosa ‚Blairi Number Two' Laub
  abwerfender Strauch
R. ‚Zéphirine Drouhin' Laub
  abwerfender Strauch
Clematis chinensis Laub abwerfende
  Kletterpflanze
Rosa ‚Gloire de Dijon' Laub abwerfender
  Strauch
R. ‚Guinée' Laub abwerfender Strauch
R. ‚Etoile de Hollande' Laub
  abwerfender Strauch
Clematis viticella ‚Polish Spirit' Laub
  abwerfende Kletterpflanze
Rosa ‚Cécile Brunner' Laub abwerfender
  Strauch
Clematis ‚Madame Julia Correvon' Laub
  abwerfende Kletterpflanze
C. ‚Ascotiensis' Laub abwerfende
  Kletterpflanze

Buchsbaumgarten
Buxus ‚Argenteovariegata' Immergrüner
  Baum
B. ‚Blauer Heinz' Immergrüner Baum
B. ‚Faulkner' Immergrüner Baum
B. ‚Greenpeace' Immergrüner Baum
B. ‚Green Velvet' Immergrüner Baum
B. ‚Latifolia Maculata' Immergrüner
  Baum
B. ‚Memorial' Immergrüner Baum
B. ‚Morris Midget' Immergrüner Baum
B. ‚Rotundifolia' Immergrüner Baum
B. ‚Suffruticosa' Immergrüner Baum

Eingang zum Cottage-Garten und zum Swimming Pool
Sarcococca confusa Immergrüner
  Strauch
Morus nigra Laub abwerfender Baum
Helleborus ‚Dick Grandon' Immergrüne
  Staude
H. ‚Phylly' Immergrüne Staude
H. ‚Joan Bridges' Immergrüne Staude
Brunnera macrophylla ‚Variegata' Staude
Epimedium davidii Immergrüne Staude
Rhamnus alaternus ‚Argenteovariegata'
  Immergrüner Strauch
Phlomis russeliana Immergrüne Staude
Veratrum nigrum Staude
Acanthus mollis Staude
Bergenia sp. Immergrüne Staude
Kniphofia sp. Staude
Pyrus salicifolia ‚Pendula' Laub
  abwerfender Baum
Rubus thibetanus Laub abwerfender
  Strauch

Viburnum tinus Laub abwerfender
  Strauch
Salvia involucrata ‚Bethellii' Staude
Limonium latifolium Staude
Sisyrinchium striatum Immergrüne
  Staude
Helleborus subsp. *guttatus* Immergrüne
  Staude
Magnolia x *loebneri* ‚Leonard Messel'
  Laub abwerfender Strauch

Inselbeet
Acer pensylvanicum Laub abwerfender
  Baum
Sedum spectabile ‚Autumn Joy' Staude
Clematis ‚Niobe' Staude
Cephalaria alpina Staude
Phlomis russeliana Immergrüne Staude
Helleborus x *sternii* Immergrüne Staude
Viburnum x *globosum* ‚Jermyns Globe'
  Immergrüner Strauch
Liriodendron tulipifera
  ‚Aureomarginatum' Laub
  abwerfender Baum
Stachys lanata ‚Silver Carpet'
  Bodendecker
Ligustrum japonicum ‚Rotundifolium'
  Immergrüner Strauch
Hebe ochracea ‚James Stirling'
  Immergrüner Strauch
Taxus baccata ‚Fastigiata' Immergrüner
  Baum
Rosa ‚Souvenir de St. Anne's' Laub
  abwerfender Strauch
Penstemon ‚Evelyn' Staude
Phormium tenax Immergrüne Staude
Rosa ‚Gertrude Jekyll' Laub abwerfender
  Strauch
Lysimachia clethroides Staude
Iris chrysographes Staude
Catanache caerulea Staude
Sisyrinchium striatum Staude
Allium hollandicum ‚Purple Sensation'
  Zwiebelgewächs
Clematis heracleifolia ‚Wyevale' Staude
Anaphalis triplinervis Staude
Rosa ‚Ballerina' Laub abwerfender
  Strauch
Lobelia laxiflora var. *angustifolia*
  Staude
Viburnum carlesii ‚Diana' Laub
  abwerfender Strauch
Euphorbia griffithii ‚Fireglow' Staude
Angelica archangelica Staude
Smyrnium perfoliatum Zweijährige
Choisya ternata ‚Sundance'
  Immergrüner Strauch

Beet an der Scheunenmauer
Acer griseum Laub abwerfender Baum
Helleborus foetidus Laub abwerfender Strauch
Abeliophyllum distichum Immergrüne Staude
Schisandra sphenanthera Laub abwerfende Kletterpflanze
Viburnum rhytidophyllum Immergrüner Strauch
Arbutus unedo Immergrüner Strauch
Lunaria annua ‚Purpurea' Einjährige
Aralia elata ‚Albomarginata' Laub abwerfender Baum
Knautia macedonica Staude
Thermopsis caroliniana Staude
Bupleurum fruticosum Immergrüner Strauch
Chimonanthus praecox Laub abwerfender Strauch
Nandina domestica Halb-immergrüner Strauch
Ribes speciosum Halb-immergrüner Strauch
Piptanthus nepalensis Laub abwerfender Strauch
Soleirolia soleirolii Bodendecker
Leycesteria formosa Laub abwerfender Strauch
Phygelius x *rectus* ‚Winchester Fanfare' Halb-immergrüner Strauch
Melianthus major Staude
Angelica archangelica Staude
Prunus ‚Taihaku' Laub abwerfender Baum
Viburnum x *globosum* ‚Jermyns Globe' Immergrüner Strauch
Osmanthus delavayi Immergrüner Strauch
Azara microphylla Immergrüner Strauch
Paeonia sp. (Baumpäonie) Laub abwerfender Strauch
Trochodendron aralioides Immergrüner Strauch
Hydrangea petiolaris Laub abwerfende Kletterpflanze
Clematis ‚Madame Edouard André' Laub abwerfende Kletterpflanze
Rosa ‚The Pilgrim' Laub abwerfender Strauch
Hydrangea quercifolia ‚Snow Queen' Laub abwerfender Strauch
Euphorbia characias Immergrüne Staude
Lonicera lanceolata Immergrüne Kletterpflanze
Dicentra spectabilis ‚Alba' Staude
Morus nigra Laub abwerfender Baum

Rosenbogen – linke Seite der Pergola
Viburnum tinus ‚Eve Price' Immergrüner Strauch
Taxus baccata ‚Fastigiata' Immergrüner Baum
Viburnum x *juddii* Immergrüner Strauch
Ornithogalum arabicum Zwiebel-/Knollengewächs
Nepeta x *faassenii* Staude
Rosa ‚Little White Pet' (Hochstamm) Laub abwerfender Strauch
Narcissus ‚Cheerfulness' Zwiebelgewächs
Delphinium sp. Staude
Tulipa ‚Spring Green' Zwiebelgewächs
Narcissus ‚Trevithian' Zwiebelgewächs
Humulus lupulus ‚Aureus' Laub abwerfende Kletterpflanze
Campanula lactiflora Staude
Tradescantia virginiana Staude
Lobelia x *gerardii* ‚Vedrariensis' Staude
Hosta (verschiedene Hybriden) Staude
Actinidia deliciosa ‚Hayward' Laub abwerfende Kletterpflanze
Philadelphus Laub abwerfender Strauch
Alchemilla mollis Staude
Narcissus ‚Telamonius Plenus' Zwiebelgewächs
Fritillaria imperialis Zwiebelgewächs
Narcissus ‚Mount Hood' Zwiebelgewächs
N. ‚Cheerfulness' Zwiebelgewächs
Tulipa ‚White Dream' Zwiebelgewächs
T. ‚Mount Tacoma' Zwiebelgewächs
Monarda ‚Ou Charm' Staude
Origanum laevigatum Staude
Cistus ‚Peggy Sammons' Immergrüner Strauch

Rosenbogen – rechte Seite der Pergola
Hydrangea arborescens ‚Annabelle' Laub abwerfender Strauch
Nepeta x *faassenii* Staude
Rosa ‚Little White Pet' (Hochstamm) Laub abwerfender Strauch
Leucanthemum x *superbum* Staude
Juniperus communis ‚Hibernica' Staude
Hebe ‚Red Edge' Immergrüner Strauch
Foeniculum vulgare ‚Purpureum' Staude
Rosa ‚Iceberg' Laub abwerfender Strauch
Knautia macedonica Staude
Aster novi-belgii ‚Orlando' Staude
Monarda ‚Ou Charm' Staude
Rosa glauca Laub abwerfender Strauch
Acanthus mollis Staude
Spiraea ‚Arguta' Laub abwerfender Strauch
Phlomis russeliana Halb-immergrüne Staude
Taxus baccata ‚Fastigiata' Immergrüner Baum
Campanula persicifolia Staude
Sorbus thibetica ‚John Mitchell' Laub abwerfender Baum

Eingang zum Cottage-Garten – Steineiche
Phlomis russeliana Immergrüne Staude
Morina longifolia Staude
Rosa glauca (syn. *R. rubrifolia*) Laub abwerfender Strauch
Hydrangea quercifolia Laub abwerfender Strauch
Stipa gigantea Sommergrünes Gras
Penstemon ‚Russian River' Staude
Kniphofia ‚Yellow Hammer' Staude
Cephalaria gigantea Staude
Ligularia stenocephala Staude
Phormium tenax Immergrüne Staude
Viburnum x *hillieri* Immergrüner Strauch
Zantedeschia aethiopica Staude
Pittosporum tenuifolium ‚Silver Queen' Immergrüner Strauch
Agapanthus sp. Staude
Choisya ‚Aztec Pearl' Immergrüner Strauch
Hydrangea arborescens ‚Annabelle' Laub abwerfender Strauch
Helleborus x *sternii* Immergrüne Staude

Vom Garteneingang zum Lorbeertunnel
ZWIEBELGEWÄCHSE IM GRAS
Camassia leichtlinii Zwiebelgewächs
Narcissus ‚Ice Follies' Zwiebelgewächs
N. ‚Carlton' Zwiebelgewächs
N. ‚Pheasant's Eye' Zwiebelgewächs
N. ‚Trevithian' Zwiebelgewächs
Rosa ‚Paul's Himalayan Musk' Laub abwerfende Kletterpflanze
R. ‚Rambling Rector' Laub abwerfende Kletterpflanze
R. ‚Seagull' Laub abwerfende Kletterpflanze
Cornus mas Laub abwerfender Strauch
Berberis julianae Immergrüner Strauch
Elaeagnus x *ebbingei* Immergrüner Strauch
Magnolia var. *borealis* ‚Lilenny' Laub abwerfender Baum
Ribes laurifolium Laub abwerfender Strauch

Viburnum davidii   Immergrüner Strauch
Sorbus matsumurana   Laub abwerfender Baum
Betula pendula ‚Youngii'   Laub abwerfender Baum
Lonicera fragrantissima   Laub abwerfender Strauch
Catalpa bignonioides ‚Aurea'   Laub abwerfender Baum
Prunus ‚Ukon'   Laub abwerfender Baum
Garrya elliptica   Immergrüner Strauch
Viburnum plicatum   Laub abwerfender Strauch
Mahonia ‚Winter Sun'   Immergrüner Strauch
Cotoneaster x *wateri* ‚Exburiensis'   Laub abwerfender Strauch
Parrotia persica   Laub abwerfender Baum
Leycesteria formosa   Laub abwerfender Strauch
Pulmonaria rubra   Staude
Geranium sp.   Staude
Lonicera pileata   Immergrüner Strauch
Rosa ‚Canary Bird'   Laub abwerfender Strauch
Lunaria annua ‚Alba Variegata'   Zweijährige
Lobelia cardinalis ‚Queen Victoria'   Staude

Wildblumenwiese und Gehölzgarten

Tulpenweg
Carpinus betulus ‚Fastigiata'   Laub abwerfender Baum
Tulipa ‚Queen of Night'   Zwiebelgewächs
T. ‚Attila'   Zwiebelgewächs
T. ‚Negrita'   Zwiebelgewächs
Camassia leichtlinii   Zwiebelgewächs
Ilex aquifolium ‚Ferox Argentea'   Immergrüner Strauch
Acer palmatum ‚Fireglow'   Laub abwerfender Baum
Prunus lusitanica ‚Variegata'   Immergrüner Strauch
Fritillaria meleagris   Zwiebelgewächs

Garten der Südlichen Hemisphäre
Cordyline australis   Immergrüner Baum
Phormium tenax ‚Variegatum'   Immergrüne Staude
Pittosporum bicolor   Immergrüner Strauch
Eucalyptus pauciflora   Immergrüner Baum
Phormium tenax   Immergrüne Staude
Hydrangea villosa   Laub abwerfender Strauch
Eucalyptus gunnii   Immergrüner Baum
Paulownia tomentosa   Laub abwerfender Baum
Trachycarpus fortuneii   Immergrüner Strauch
Dicksonia antarctica   Farn
D. fibrosa   Farn
Blechnum chilense   Farn
Phormium cookianum   Immergrüne Staude
P. tenax ‚Nanum Purpureum'   Immergrüne Staude
Cyathea australis   Baumfarn

Stumpery
Cyclamen hederifolium   Zwiebelgewächs
Erythronium ‚Pagoda'   Zwiebelgewächs
Polypodium glycyrrhiza   Farn
Fritillaria imperialis   Zwiebelgewächs
Ruscus aculeatus   Immergrüner Strauch
Helleborus argutifolius   Immergrüne Staude
Gymnocarpium dryopteris   Immergrüne Staude
Helleborus foetidus   Immergrüne Staude
Ribes laurifolium   Immergrüner Strauch
Polypodium cambricum ‚Richard Kayse'   Farn
Helleborus orientalis ‚Orion'   Staude
Dryopteris affinis ‚Cristata'   Farn
D. x *complexa ramosissima* ‚Weight'   Farn
Daphne laureola   Immergrüner Strauch
Hosta ‚Devon Green'   Staude
H. ‚Golden Sunburst'   Staude
H. ‚Invincible'   Staude
H. ‚Green Acres'   Staude
H. ‚Love Pat'   Staude

Gehölzgarten
Lonicera pileata   Immergrüner Strauch
Eleagnus   Immergrüner Strauch
Heracleum mantegazzianum   Staude
Euonymus japonicus ‚Macrophyllus Albus'   Immergrüner Strauch
Viburnum plicatum   Laub abwerfender Strauch
Lunaria annua   Einjährige
Vinca major   Immergrüne Staude
Phildelphus ‚Manteau d'Hermine'   Laub abwerfender Strauch
P. ‚Beauclerk'   Laub abwerfender Strauch
Cornus stolonifera ‚Flaviramea'   Laub abwerfender Strauch
Hypericum   Halb-immergrüner Strauch
Syringa vulgaris ‚Madame Lemoine'   Laub abwerfender Strauch
Hydrangea villosa   Laub abwerfender Strauch
Ligustrum ovlifolium ‚Aureum'   Laub abwerfender Strauch
Pulmonaria rubra   Bodendecker
Hosta ‚Frances Williams'   Staude
H. ‚Krossa Regal'   Staude
H. ‚Prince of Wales'   Staude
H. ‚Sum and Substance'   Staude
H. undulata var. *undulata*   Staude
H. ‚Sagae'   Staude
H. ‚Green Acres'   Staude
H. ‚Invincible'   Staude
H. ‚Francee'   Staude
Choisya ternata   Immergrüner Strauch
Forsythia x *intermedia* ‚Lynwood'   Laub abwerfender Strauch
Magnolia   Laub abwerfender Strauch
Colutea persica   Laub abwerfender Strauch
Dicentra spectabilis ‚Alba'   Staude

Arboretum und Ummauerter Garten

Serpentinen-Hecke
Sarcococca confusa   Immergrüner Strauch
S. hookeriana var. *humilis*   Immergrüner Strauch
S. h. var. *digyna*   Immergrüner Strauch
Lilium martagon   Zwiebelgewächs
Hosta lancifolia   Staude
H. ‚Halcyon'   Staude
Ligularia ‚The Rocket'
Phygelius ‚Winchester Fanfare'   Halb-immergrüner Strauch
P. x *rectus* ‚Moonraker'   Halb-immergrüner Strauch
Pimpinella major ‚Rosea'   Staude
Phlomis russeliana   Immergrüne Staude
Sisyrinchium striatum   Immergrüne Staude
Hemerocallis sp.   Staude
Kniphofia ‚Green Jade'   Staude
Acorus gramineus ‚Variegatus'   Halb-immergrüne Wasserpflanze.
Narcissus ‚Jack Snipe'   Zwiebelgewächs
Asplenium scolopendrium   Halb-immergrüner Farn

Arboretum
Liquidambar styraciflua   Laub abwerfender Baum

Viburnum plicatum ‚Mariesii' Laub abwerfender Strauch
Euodia daniellii Laub abwerfender Baum
Parrotia persica Laub abwerfender Baum
Corylus avellana Laub abwerfender Baum
Acer palmatum ‚Senkaki' Laub abwerfender Baum
A.p. ‚Elegans' Laub abwerfender Baum
A.p. ‚Bloodgood' Laub abwerfender Baum
A.p. ‚Butterfly' Laub abwerfender Baum
A.p. ‚Osakazuki' Laub abwerfender Baum
A.p. ‚Ornatum' Laub abwerfender Baum
A.p. ‚Atropurpureum' Laub abwerfender Baum
A.p. ‚Hessei' Laub abwerfender Baum
A. japonicum ‚Vitifolium' Laub abwerfender Baum
A. j. ‚Aconitifolium' Laub abwerfender Baum
A. shirasawanum ‚Aureum' Laub abwerfender Baum
Abies veitchii Immergrüne Konifere
Euonymus alatus Laub abwerfender Strauch
Cercidiphyllum japonicum Laub abwerfender Baum
Betula utilis var. ‚Jacquemontii' Laub abwerfender Baum
Tsuga heterophylla Immergrüne Konifere
Osmanthus delavayi Immergrüner Strauch
Cryptomeria japonica Immergrüne Konifere
Metasequoia glyptostroboides Sommergrüne Konifere
Cornus ‚Porlock' Laub abwerfender Strauch
Cercidiphyllum japonicum Laub abwerfender Baum
Laburnocytisus adamii Laub abwerfender Baum
Fraxinus ornus Laub abwerfender Baum
Liriodendron tulipifera Laub abwerfender Baum
Sequoiadendron giganteum Immergrüne Konifere
Calocedrus decurrens Immergrüne Konifere
Ginkgo biloba Sommergrüne Konifere
Cornus mas Laub abwerfender Strauch
Osmanthus serrulatus Immergrüner Strauch

Ilex aquifolium ‚Madame Briot' Immergrüner Strauch
Abies grandis Immergrüne Konifere
Cornus alba ‚Elegantissima' Laub abwerfender Strauch
Juniperus virginiana Immergrüne Konifere
Pyrus cordata Laub abwerfender Baum
Acer henryi Laub abwerfender Baum
Magnolia dawsoniana Laub abwerfender Strauch
Sorbus commixta ‚Embley' Laub abwerfender Baum
Abies nordmanniana Immergrüne Konifere
Picea omorika Immergrüne Konifere
Malus sylvestris Laub abwerfender Baum
Quercus suber Immergrüner Baum
Cercis siliquastrum Laub abwerfender Strauch
Acer macrophyllum Laub abwerfender Baum
Garrya elliptica ‚James Roof' Immergrüner Strauch
Castanea sativa ‚Argenteovariegata' Laub abwerfender Baum
Hamamelis x *intermedia* ‚Pallida' Laub abwerfender Strauch
Hydrangea petiolaris Laub abwerfende Kletterpflanze

Azaleenweg
Rhododendron basilicum Laub abwerfender Strauch
R. ‚Golden Oriole' Laub abwerfender Strauch
R. ‚Daviesii' Laub abwerfender Strauch
R. ‚Exquisita' Laub abwerfender Strauch
R. ‚Golden Dream' Laub abwerfender Strauch
R. delicatissimum Laub abwerfender Strauch
Clematis ‚Prince Charles' (blau) Laub abwerfende Kletterpflanze
C. ‚Niobe' (rot) Laub abwerfende Kletterpflanze

ROSEN
Rosa ‚Gloire de Dijon' Laub abwerfende Kletterpflanze
R. ‚Kathleen Harrop' Laub abwerfende Kletterpflanze
R. ‚May Queen' Laub abwerfende Kletterpflanze
R. ‚Rosy Mantle' Laub abwerfende Kletterpflanze
R. Penny Lane Laub abwerfende Kletterpflanze
R. ‚Perpetually Yours' Laub abwerfende Kletterpflanze
R. ‚Albéric Barbier' Laub abwerfende Kletterpflanze
R. ‚Parade' Laub abwerfende Kletterpflanze
R. ‚Golden Showers' Laub abwerfende Kletterpflanze
R. ‚Sympathie' Laub abwerfende Kletterpflanze

KLETTERPFLANZEN
Humulus lupulus ‚Aureus' Laub abwerfende Kletterpflanze
Hedera colchica Immergrüne Kletterpflanze
Vitis coignetiae Laub abwerfende Kletterpflanze
Actinidia kolomikta Laub abwerfende Kletterpflanze
Actinidia chinensis Laub abwerfende Kletterpflanze
Clematis montana sp. Laub abwerfende Kletterpflanze
C. hookeriana ‚Huldine' Laub abwerfende Kletterpflanze
Hydrangea petiolaris Laub abwerfender Strauch
Pyracantha Immergrüner Strauch
Jasminum nudiflorum Immergrüner Strauch

Ummauerter Garten
OBSTBÄUME UND ROSEN AN DER MAUER
Rosa ‚Leverkusen' Laub abwerfender Strauch
Apfel – ‚Cox's Orange Pippin' Laub abwerfender Baum
Damaszenerpflaume – ‚Merryweather' Laub abwerfender Baum
Birne – ‚Beurré Hardy' Laub abwerfender Baum
Birne – ‚Williams' bon Chrétien' Laub abwerfender Baum
Pflaume – ‚Jefferson' Laub abwerfender Baum
Pflaume – ‚Green Gage' Laub abwerfender Baum
Kirsche – ‚Morello' Laub abwerfender Baum
Kirsche – ‚Stella' Laub abwerfender Baum
Rosa ‚Madame Alfred Carrière' Laub abwerfender Strauch

Reineclaude – ‚Willingham' Laub abwerfender Baum
Pflaume – ‚Victoria' Laub abwerfender Baum
Pflaume – ‚Herman' Laub abwerfender Baum
Rosa ‚Emily Gray' Laub abwerfender Baum
Pflaume – ‚Kirke's Blue' Laub abwerfender Baum
Nektarine – ‚Lord Napier' Laub abwerfender Baum
Rosa ‚Etoile de Hollande' Laub abwerfender Baum
Birne – ‚Concorde' Laub abwerfender Baum
Birne – ‚Conference' Laub abwerfender Baum
Pflaume – ‚Marjorie's Seedling' Laub abwerfender Baum
Pfirsich – ‚Duke of York' Laub abwerfender Baum
Pflaume – ‚Opal' Laub abwerfender Baum
Kirsche – ‚Florence' Laub abwerfender Baum
Pfirsich – ‚Peregrine' Laub abwerfender Baum
Birne – ‚Winter Nelis' Laub abwerfender Baum
Aprikose – ‚Moor Park' Laub abwerfender Baum
Birne – ‚Pitmaston Duchess' Laub abwerfender Baum
Birne – ‚Doyenné de Comice' Laub abwerfender Baum

SPALIERÄPFEL
‚Spartan' Laub abwerfender Baum
‚American Mother' Laub abwerfender Baum
‚Edward VII' Laub abwerfender Baum
‚Norfolk Royal Russet' Laub abwerfender Baum
‚Jupiter' Laub abwerfender Baum
‚Grenadier' Laub abwerfender Baum
‚Sturmer Pippin' Laub abwerfender Baum
‚Michaelmas Red' Laub abwerfender Baum
‚Ribston Pippin' Laub abwerfender Baum
‚Gloster 69' Laub abwerfender Baum
‚Reverend W. Wilks' Laub abwerfender Baum
‚Elstar' Laub abwerfender Baum
‚Arthur Turner' Laub abwerfender Baum
‚Golden Delicious' Laub abwerfender Baum

‚Egremont Russet' Laub abwerfender Baum
Pear – ‚Glou Morceau' Laub abwerfender Baum

KUPPELN
Clematis montana Laub abwerfende Kletterpflanze
Wisteria sinensis Laub abwerfende Kletterpflanze
Lonicera periclymenum ‚Belgica' Laub abwerfende Kletterpflanze
Rosa ‚Francis E. Lester' Laub abwerfender Strauch
Rosa ‚Paul's Himalayan Musk' Laub abwerfender Strauch
Rosa ‚Adélaide d'Orléans' Laub abwerfender Strauch

BEETE AN DEN MAUERN IM UHRZEIGERSINN VOM EINGANG AM AZALEENWEG
Ruta graveolens Immergrüner Strauch
Lepechinia salviae Staude
Spiraea ‚Goldflame' Laub abwerfender Strauch
Salvia turkestanica Staude
Santolina chamaecyparissus Immergrüner Strauch
Senecio ‚Sunshine' Immergrüner Strauch
Salvia officinalis Immergrüner Strauch
S. o. ‚Purpurascens' Immergrüner Strauch
S. o. ‚Icterina' Immergrüner Strauch
Helleborus foetidus Immergrüne Staude
Dianthus ‚Doris' Immergrüne Staude
Ballota acetabulosa Immergrüne Staude
Artemesia ‚Powis Castle' Immergrüner Strauch
Cistus pulverulentus ‚Sunset' Immergrüner Strauch
C. x *purpureus* Immergrüner Strauch
Sisyrinchium striatum ‚Aunt May' Immergrüne Staude
Salvia candelabrum Halb-immergrüne Staude
Chimonanthus praecox Laub abwerfender Strauch
Campanula glomerata ‚Superba' Staude
Sedum spectabile ‚Autumn Joy' Staude
Sisyrinchium montanum nudicaule Immergrüne Staude
Myrtus communis Immergrüner Strauch
Fragaria Pink Panda Immergrüne Staude
Geranium sanguineum ‚Album' Staude
Phlomis italica Immergrüner Strauch

P. longifolia Immergrüner Strauch
Salvia pratensis Staude

BEETE IN DER MITTE
Salvia officinalis ‚Purpurascens' Immergrüner Strauch
Paeonia mlokosewitschii Staude
Leycesteria formosa Laub abwerfender Strauch
Jasminum beesianum Immergrüner Strauch
Salvia involucrata ‚Bethellii' Laub abwerfender Strauch
S. uliginosa Laub abwerfender Strauch

Unterer Rosenweg
Rosa ‚Sander's White Rambler' Laub abwerfender Strauch
R. ‚Pink Perpetue' Laub abwerfender Strauch
R. ‚Köln am Rhein' Laub abwerfender Strauch
R. Dublin Bay Laub abwerfender Strauch
R. Breath of Life Laub abwerfender Strauch
R. ‚Bad Neuenahr' Laub abwerfender Strauch
R. ‚Paul's Himalayan Musk' Laub abwerfender Strauch
R. ‚White Cockade' Laub abwerfender Strauch
R. ‚Morgengruss' Laub abwerfender Strauch
R. ‚Elegance' Laub abwerfender Strauch
R. ‚Rosy Mantle' Laub abwerfender Strauch
Jasminum x *stephanense* Laub abwerfende Kletterpflanze
J. officinale Laub abwerfende Kletterpflanze
Lonicera caprifolium Laub abwerfende Kletterpflanze
L. x *americana* Laub abwerfende Kletterpflanze
L. periclymenum ‚Serotina' Laub abwerfende Kletterpflanze
L. x *heckrottii* Laub abwerfende Kletterpflanze
L. periclymenum ‚Belgica' Laub abwerfende Kletterpflanze
Clematis alpina ‚Illusion' Laub abwerfende Kletterpflanze
C. jouiana Laub abwerfende Kletterpflanze
Vitis ‚Brant' Laub abwerfende Kletterpflanze

DER GARTEN VON HIGHGROVE

Danksagung

Die Autoren möchten allen Personen danken, die sie bei der Arbeit an diesem Buch unterstützt haben. Besonderer Dank gebührt David Howard, Dennis Brown, Gilly Hayward, Fred Ind und den übrigen Gärtnern und Angestellten des Anwesens. Außerdem haben Richard Aylard, Julian und Isabel Bannerman, Willie Bertram, David Blissett, Caroline Clifton-Mogg, Charles Clover, Keith Critchlow, Deborah Devonshire, Andrew Donnington, Amanda Hornby, Mary Killen, David Magson, Charles Morris, Nick Mould, Amanda Packford-Garrett, Elizabeth-Ann Pile, Dick Reid, Miriam Rothschild, Mollie Salisbury, Erica-Mary Sanford, Sophia Spink, Roy Strong, Rosemary Verey, Jenny Whitaker und Giles Wood wertvolle Hilfe geleistet, ebenso wie Stephen Lamport, Mark Bolland, Michael Fawcett, Bernie Flannery, Kevin Lomas, Lizzie Burgess, Millie Gray, Shona Williams, Elspeth Sigee und Annabel Cutbill aus dem Büro des Prinzen von Wales.

Weiterhin möchten die Autoren ihren Dank auch Helena Attlee, Desmond Elliott, Susan Haynes, Kevin Knott, David Rowley, Nigel Soper and Rupert Lycett Green für ihre Hilfe und Ermutigung beim Entstehen dieses Buches aussprechen.

Register

A

Acer 134ff., 140
- A. palmatum 13ff.
- A. palmatum ‚Osakazuki' 137
Achillea 63, 105
Ackerwinde 163
Ahorn s. Acer
Akelei s. Aquilegia
Alchemilla 48, 51, 82
Aldridge, James 66f.
Alexander, Christopher 48
Allium 48, 106
Alpenveilchen 156
Amberbaum, Amerikanischer 134
Ammoniten 121f.
Ampfer 26
Angelica 44
Anthriscus sylvestris ‚Ravenswing' 47
Äpfel 21, 26ff., 70, 147, 149, 151, 153, 159f.
Aquilegia 43f., 51, 78, 147
- A. ‚William Guinness' syn. ‚Magpie' 47, 83
Arboretum 132, 134ff.
Artemisia 51, 67
Ashton Wold 105
Asplenium 123, 157
Aster 73, 78
Astilbe 73
Autumn Walk s. Herbstweg
Azaleen und Rhododendron 52f., 118, 143f.
- R. ‚Blue Tit' 52f.
- R. exquisitum 144
- R. ‚Golden Oriole' 144
- R. ‚Yellow Hammer' 52f.
Azaleenweg 130, 143f.

B

Bakterien für den Kompost 162
Baldrian 84
Ballard, Mrs. 86
Bänke 24, 43, 60, 66, 78, 81f., 86, 88, 127
- ‚Capitol Seat' 86, 88

Bannerman, Julian and Isabel 23f., 86, 88, 94
- Azaleenweg 144
- Mauer der Geschenke 114ff.
- Pforten und Tore 43, 99
- Pyramide 112ff.
- Säulenvogel 23
- Stumpery 118ff., 127
Bärenklau 114
Barnsley 83
Bartfaden s. Penstemon
Bartnelken 47
Baruch, Frances 81
Bäume 8ff., 17
- Arboretum 132, 134ff.
- Wurzeln und Stubben 118ff.
- s. a. einzelne Sorten
Bauernalbtraum 105
Baumfarne 109f., 156
Baumhaus 112f.
Baumläufer 26
Baumlupine 147
Bauten
- Heiligtum 138ff.
- Hühnerstall 31
- Orchard Room 29ff., 73, 140, 157
- Pfefferstreuer-Pavillons 48, 51
- Taubenhaus 24f., 36, 55
- Tempel 94, 118ff.
Beaufort, Duke of 41
Begonia 157
Beinwell 160
Bertram, William 39
- Farm-Gebäude 18, 76ff.
- Pfefferstreuer-Pavillons 48
- Pforten und Tore 70, 93, 114, 130
- Wasserbecken 66
Besucher 7, 29, 36ff., 88, 107ff., 162f.
- Kommentare 78ff., 93, 127, 160
Bewässerung, unterirdische 35, 44
Bienen 8, 65f., 109
Big Plummer 24
Bildhauerei, Studenten 114ff.
Binsen 18, 26

Birke 140
Birkhall 149f.
Birne 147
Bischof von London 138
Black, Una 19, 23
Blattfäule 162
Blauregen 41, 47, 73, 147
Blausternchen 114
Blissett, David 24
Blutweiderich 18
Bodenfruchtbarkeit 26, 162f.
Bögen 43, 76, 83f., 144, 154
- Architektur 139f., 148f.
- Kastanienstubben 118, 121
- maurischer 130, 143f.
Bohnen 147, 151
Box Garden s. Buchsbaumgarten
Borvill, Simon 43
Bower, Richard 32
Brackley 63ff.
Brand (1896) 14f.
Brandkraut s. Phlomis
Brauchwasserverwertung 18
Braunelle 105
Brennnesseln für den Kompost 35
British Crop Protection Organization 160
British Pteridological Society 109f.
Broadfield Farm 63ff.
Brogdale Horticultural Trust 21, 26ff.
Brown, Dennis 153ff., 158, 160
Brunnen und Wasserbecken 36, 48, 63, 66, 147, 149
Buche s. Fagus
Buchensammlung, Nationale 109, 126
Buchsbaum (Buxus) 15, 51, 58, 84, 110, 114, 138
- Sonnenuhr-Garten 43f.
- Ummauerter Garten 147, 151, 158, 160
- B. glomerata var. microphylla ‚Morris Midget' 76
- B. ‚Green Gem' 76
- B. microphylla ‚Faulkner' 76

- B. sempervirens ‚Greenpeace' 76
- B. sempervirens ‚Memorial' 76
- B. sempervirens ‚Rotundifolia' 76
- B. sempervirens ‚Suffruticosa' 76
- B. sinica var. insularis ‚Tide Hill' 76
- Weihnachts-Buchs 132
Buchsbaumgarten 75f.
Buddleia 78

C

Caladium 157
Camassia 98, 101
- C. leichtlinii caerulea 98, 101
Campanula 78, 84
- C. persicifolia 114
Capitol Seat 86, 88
Castle of Mey 149f.
Ceanothus 76, 76
Cecil, Robert 39
Cerinthe 51
- C. major ‚Purpurascens' 78
Chatsworth 130ff.
Chesil Beach Strandkiesel 47
Chionodoxa 114
Choisya 48ff., 84
- C. ternata ‚Aztec Pearl' 47
Cirencester 24
Cistrose 47, 78
Cladrastis lutea 138
Clematis 43, 73, 143f., 147
- C. cartmannii 44
- C. montana 81
- ‚Prince Charles' 144
- ‚Warszawska Nike' 144
Clivia 156
Commonwealth Countries League 78ff.
Cooper, Alan 99
Cornus 43f., 126, 132
- C. alba ‚Kesselringii' 44
Cotoneaster 86, 132
Cotswold-Steine
- Cottage-Garten 70ff.

- maurischer Bogen 130, 143f.
- Orchard Room 139f.
- Pergola-Pfosten 73
- Scheune 76

Cottage-Garten 70ff.
Cranborne 39, 150
Craven, Richard 31
Crichel 150
Critchlow, Keith 139f.
Cuff, Nick 31

D

Dahlia, ‚Bishop of Llandaff' 43f.
Datura 51, 156
Davies, Tudor 25f.
Diana, Statue der Göttin 143f.
Diboll, Neil 107ff.
Dicksonia antarctica 110
Dimbleby, Nicholas 147f.
Distel 163
Dodds, McKenzie 25
Dryopteris-Farne 123
- D. filix-mas 88

Duckett, Paul 73, 117, 144
Duftpflanzen 44, 47, 66
Dünger 160

E

Eberesche s. Sorbus
Edinburgh, Philip, Herzog von 121, 123
Edinburgh, Königlicher Botanischer Garten 32f.
Efeu 15, 112
- ‚Paddy's Pride' 47

Eibe 15, 40ff., 73ff.
- beschnittene 39, 47, 58, 73
- Hecken 66, 76, 143
- Einfassung der Weißbuchen-Hecke 58ff., 65, 89, 110
- Einfassung des Thymianwegs 55, 57, 60ff., 65
- Fenster und Bögen 48, 59f., 76
- Sonnenuhr-Garten 40ff.

Eiche 17, 26, 69, 97, 110, 118, 140
Eichenholz 73
- Tempel 94, 118ff.

Einfahrt, hintere 24, 73, 86

Einfahrt, vordere 11, 16f., 102, 106f.
Einfassungen
- gespaltene Holzstämme 114
- Steine 83
- Wurzeln 121
- Ziegel 147, 153

Eisenholzbaum, persischer 134
Eisvogel 26
Elizabeth, Königinmutter 52, 149f.
Engelstrompete s. Datura
Erbsen 156
Erdbeeren
- ‚Happil' 154, 156
- wilde 48

Esche 17, 134ff.
- Manna-Esche 138

Eucalyptus, vielstämmiger 138
Eucryphia 86
Eulen 26
Euphorbia 38, 47, 118, 123
- E. characias wulfenii 123
- E. amygdaloides var. robbiae (‚Mrs Rob's Bonnet') 121
- E. x martinii 123

Exbury 52f.

F

Fagus 137, 140
- Hecken 107, 132
- National Collection 109, 126
- F. ‚Silver Wood' 137
- F. sylvatica ‚Aurea Marginata' 137

Farmer's Nightmare s. Bauernalbtraum
Farmington-Stein 139
Farne 86, 88, 109
- Asplenium 123, 157
- Baumfarne 109f., 155
- Dryopteris 88, 123
- Farnpyramide 112ff.
- Hirschzungenfarn 112ff., 123
- In der Stumpery 118, 121, 123f.

Federemblem des Prinzen von Wales 88, 99
Fensterblatt 157
Ferone 146

Fingerhut 70, 114
Fisch-, Knochen- und Blutmehl 160, 163
Flieder 84, 114
Formschnitt 7, 55, 57f., 63, 73, 75, 244
Foster, Birkett 98
Fountain Garden s. Springbrunnengarten
Forstakademie, chinesische 40
Fourteen Acre 26
Frauenmantel s. Alchemilla
Froschbiss 18
Frösche 26
Froschlöffel 18
Fruchtbarkeit des Bodens 26, 162f.
Frühlingskohl 156
Frühlingsweg 141
Füchse 32
Futter-Esparsette 105
Futtertablett 52

G

Garden Society 149
Gardiner, Cecil 65, 153
Garrya elliptica 86
Garten der südlichen Hemisphäre 109f.
Gartenbau, organischer 6ff., 26, 33, 39, 153, 159, 162f.
Gedenktafeln und Reliefs
- ägyptische 143
- Grüner Mann 3, 147f.
- Hunde 75
- Zinnmine 72

Geflügelmist 163
Gehölze 141ff.
Gehölzgarten 108ff.
Geißblatt s. Lonicera
Gemüse 8, 147ff., 151, 153ff.
Geranium 43, 47, 78
- Wiesenstorchschnabel 105
- s. a. Pelargonium

Geräte und Werkzeuge 35, 35
Gewächshäuser 156f., 163
Giersch 26, 163
Gladiator, Statue 65f.
Glockenblumen 114, 141
Glyzinien s. Blauregen
Golby, Rupert 83
Goldregen s. Laburnum
Göttin des Waldes, Statue 118, 122
Grapefruit 156

Gräser 102, 105
- schwarze 43f.

Grasmücke 52
Grüner Mann, Relief 3, 147f.
Gunnera 110

H

Habichtskraut 105
Hahnenfuß 11, 94, 101, 105
Hainbuche 98f.
Harry, Prinz 60, 83, 112, 141, 160
Hart, Frederick 141
Hartriegel s. Cornus
Hasel 134ff., 140ff., 147, 156
Hatfield House 39f.
Hayward, Gilly 84, 157ff.
Hebe 47
Hebridenschafe 8, 16f., 105f.
Hecken 6f., 26, 58f., 86, 107, 147
- Serpentinen-Hecke 130ff.
- s. a. Eibenhecken

Heiligenkraut 78
Heiligtum 138ff.
Heilziest 105
Helichrysum petiolare ‚Limelight' 51
Helleborus 51, 84ff., 118, 123f., 147, 151
- H. x orientalis Hybriden 118

Herbstweg 134, 138
Herbstzeitlose 124
Herkulesstaude s. Bärenklau
Herzogtum Cornwall, Prince's Council 26
Heu 98, 102, 105
Hidcote 7
Higgs, Sir John 25
Highgrove House 2, 8ff., 36ff., 53, 97ff.
- Einbindung in den Garten 7
- Vordereingang 46

Highgrove Shop 19, 26, 29, 81
Hill, John 83
Hirschzungenfarn 112ff., 123
Hobbs, Bob 99
Holboellia 41, 47
Hollyrood House 112
Holzapfel 86
- ‚Golden Hornet' 147, 153

Holzstämme, gespaltene 114
Home-Farm 132

Hornby, Amanda 78
Hornby, Sir Simon 38
Horse and Hound 17
Hortensie s. Hydrangea
Hoshino, Kozo 127
Hosta 76, 86, 114, 122, 126, 132, 160
– ‚Devon Green' 124
– ‚Hadspen Hawk' 123
– ‚Halcyon' 123
– ‚Honeybells' 124
– Hosta sieboldiana var. elegans 123
– ‚Royal Standard' 124
– ‚Sum and Substance' 124
Houghton 7, 66, 77
Howard, David 19, 32ff., 44, 162f.
Howarth, David 31
Hoya 156
Hughes, Ted 140
Hühner 31
Hühnerstall 31
Hummeln 106
Hunde, Gedenktafeln 75
Hundswurz 105
Hyazinthe 156
Hydrangea 76, 144
– H. petiolaris 144

I

Ilex 15, 47, 84, 112, 114, 132, 140
Ind, Fred 47f., 65, 73, 117, 144, 153
Indianernessel 76
Insekten, räuberische 163
Insekten, Arterhaltung 109
Iris 18, 26, 43f., 66f., 73
– I. foetidissima 121
– I. unguicularis 47
italienische Bänke 60, 88
italienische Gefäße 66f., 143f.
italienische Statuen 58, 60, 65

J

Jacobs, Trevor 83
Jahreszeiten und Abwechslung 46, 84, 94ff.
Japanischer Garten 126f.
Jasmin 41, 47, 156
Johnston, Lawrence 7
Jungfer im Grünen 73

K

Käfer 109
Kaiserkrone 124
Karrotten 147, 156
Kartoffeln 147f., 154, 156
Kastanie
– Bogen 118, 121
– spanische 110
– Süßkastanie 140
Katsura-Baum 134f.
Keck, Anthony 11, 15
Kelly, Felix 11, 15, 83, 86
Kent, William 7, 127
Kieselsteine 47, 70ff.
– Wege 86, 88, 122
Kirche St Mary's, Tetbury 8, 15, 16f.
Kirsche 69, 93, 134, 147
Klärgarten 17ff.
Klee 26, 105
Knabenkraut 105
Koi-Karpfen 147, 149
Kompost 6, 8, 32ff., 162f.
– für Kübel 156, 160, 162f.
– zur Aussaat 162f.
– Aufbewahrung 8, 26ff., 102ff., 126, 144, 160
Königslilie 78
Kornblume 16, 102, 106f.
Kornrade 16, 102, 106f.
Kowa Creative Art Company 127
Kräuter 147, 149
Kreuzkraut s. Senecio greyii
Krier, Leon 75, 147
Krokus 47, 84, 94
Kröten 26
Kübel und Töpfe 39, 47, 93, 109, 132
– Azaleenweg 143f.
– Buchsbaumgarten 75
– Cottage-Garten 81
– Springbrunnengarten 66f.
– Terrasse 38, 48, 51, 58
Kuckuckslichtnelke 105
Kuhglocken 17
Kumar, Mrs. Seema 78, 81
Kutschenwaschteich 24ff.
Kyoto, Beschneiden von Bäumen 110

L

Labkraut 105
Laburnum 81
Laichkraut, krauses 18
Lancaster, Nancy 63
Landwirtschaft 17, 26, 63ff., 86, 102, 130, 132, 148
– Gebäude 35, 73, 76ff.
– organische 7, 26, 39, 162
Laokoon und seine Söhne 73ff.
Lärche 134, 138
Läusekraut, gelbes 102
Laubmulch 35
Lauch 156f.
Lavendel 43f., 48, 66f.
– L. angustifolia 21, 29
Leimkraut 105
Leopardenlilie 157
Levkojen 47
Leyland-Zypresse 86
Libanonzeder 15, 17, 36, 39, 48, 57, 65
Libellen 18f., 25f.
Liguster 84, 114, 132
Lilien 47
– Königslilie 78
– Leopardenlilie 157
– Martagon-Lilie 114, 124, 132
Linden 16f.
– hintere Einfahrt 24, 55
– vordere Einfahrt 15f., 23, 31, 107
Liquidambar styraciflua 134
Logan Botanical Gardens 110
Lonicera 48ff., 73, 79, 147
– Sonnenuhr-Garten 41, 43f., 47
– L. periclymenum ‚Belgica' 156
– L. periclymenum ‚Serotina' 156
– L. x americana 156
Lorbeer 76, 110
– Lorbeertunnel 86, 88ff.
– portugiesischer 51
Löwenzahn 101, 105
Lungenkraut 78
Lupine 78
Lyon, Virginia 52

M

Macmillan, Familie 15, 93
Mädesüß 16
Magnolia grandiflora 48, 53
– M. stellata 86
Magson, David 66f.
Mai-Thron 43
Malve 44, 78
Mammutblatt s. Gunnera
Mangold 160
Manna-Esche 138
Margerite 11
– Argyranthemum frutescens ‚Chelsea Girl' 51
Martagon-Lilie s. Lilie
Matteuccia struthiopteris 88
Mauer der Geschenke 114ff.
Mauern 21, 48, 52, 73ff., 144ff.
Maultiere, North County 8
Mäusedorn 124
Maxwell-Scott, Celia 75
Meisen 47
Melka, Andrian 73, 75
Melville, George John Whyte 16f.
Menuhin, Sir Yehudi 147, 149
Middle Park 8, 16f.
Mitchell, Arthur 15
Mohn 16, 43f., 48, 102, 105ff.
Molche 26
Mondviole 48, 78
Morgan Jones 81f.
Morris, Charles 29ff., 73, 140
Mühlsteinbrunnen 36
Mulch 35, 162
Murray, Elizabeth 33

N

Napper, John 140
Narzissen 44, 51, 59, 78, 84, 94, 97, 130
– Narcissus ‚Paper White' 156
– N. ‚Trevithian' 82
– ‚Ice Folly' 81
National Council for the Conservation of Plants and Gardens 126
National Fruit Collection 21, 26ff.
Natur, arbeiten mit der 6, 8, 162
Nektarine 147
Nelken 47
New Cottage Garden 84
Norfolk Lavender Company 29

O

Obst 154, 156, 159
Obstbäume 147f., 151, 153
– im Gewächshaus 156
– National Fruit Collection 21, 26ff.
Odermennig 105
Öle, duftende 29
Olearis 51
Orange 156
Orangenblume s. Choisya
Orchard Room 29ff., 73, 140, 157
Orchideen 105, 156f.
Oregano, goldgrüner 67
Origo, Iris 156
Ornithogalum arabicum 151
Osmanthus 84
Osteospermum 73

P

Palmer, David 76ff.
Päonie 43, 48
– P. mlokosewitschii ‚Molly-the-Witch' 78
Parks 15, 22, 31, 94, 103, 107, 110
Paul, John Paul 15
Pavillons 48, 51
Pelargonium 51, 156, 158
– Bacopa ‚Snowflake' 51
– P. ‚Tomcat' 51
– Königspelargonie 156
Penstemon 78
Pergola 73
Perovskia 63
Pestizide 6, 102, 163
Pfeilkraut 18
Pferde 17, 70ff., 82, 99
Pflanzenlisten 164ff.
Pflaume 147
Pflasterung 41, 47f., 53, 66, 70ff.
– s. a. Wege, Mauern
Pflaume 147
Pforten s. Tore und Pforten
Phlomis russeliana 132
Plato 73, 139f.
Polizei, Präsenz 25f., 32, 36
Polyanthus 44, 78
Poundbury-Projekt, Dorset 75
Primel 51, 78, 141
Prince's Council 26
Prince's Foundation 88ff.

Prince of Wales Charitable Foundation 26
‚Prince of Wales', Gasthaus, Tetbury 67
Pye, William 36, 48, 66
Pyramide 114

R

Rankgerüste aus Weide 18
Rare Breeds Survival Trust 8
Rasen 39, 52ff., 81
Rasenschnitt im Kompost 35, 162f.
Rasenwege 41, 76, 78, 81, 83f., 98, 130
Raubinsekten 160, 163
Rauke 147
Rebe, Rostrote (Vitis coignetiae) 38, 47
Reet 18
Reid, Dick 75, 140
Rennstall, Tulpen in den Farben des königlichen 98f.
Repton Red Book 58
Rhabarber 156
Rhodochiton 51
Rhododendron s. Azaleen und Rhododendron
Rindenhäcksel 18
Rinder, Aberdeen Angus 8, 15, 17
Rinderstall 18, 23
Ringelblume 16, 102, 106f.
Rittersporn 78
Roper, Lanning 39
Rosen 38, 43f., 73, 76, 81, 84, 144, 147, 163
– ‚Bantry Bay' 73
– ‚Blairi Number Two' 38
– ‚Bobbie James' 144, 147
– ‚Boule de Neige' 81
– ‚Breath of Life' 73, 156
– ‚Charles de Mills' 163
– ‚Dublin Bay' 156
– ‚Emily Gray' 38
– ‚Etoile de Hollande' 147
– ‚Evangeline' 147
– ‚Gertrude Jekyll' 84
– ‚Golden Showers' 144
– ‚Gloire de Dijon' 38
– ‚Guinée' 144
– ‚Iceberg' 47
– ‚Kathleen Harrop' 81
– ‚Leverkusen' 144
– ‚Louise Odier' 81

– ‚Madame Alfred Carrière' 73
– ‚Madame Caroline Testout' 38
– ‚Marguerite Hilling' 84
– ‚Mermaid' 47
– ‚New Dawn' 76
– ‚Paul's Himalayan Musk' 156
– ‚Pearl Drift' 48ff.
– ‚Penny Lane' 144
– ‚Pink Perpetue' 156
– ‚Reine des Violettes' 81
– ‚Rêve d'Or' 38
– Rosa mundi 147, 163
– Rosa rugosa 70, 163
– ‚Sander's White' Rambler 48ff.
– ‚Souvenir de la Malmaison' 81
– ‚Tuscany Superb' 163
– ‚Veilchenblau' 73
– ‚White Cockade' 156
– ‚Zéphirine Drouhin' 38, 73
Rosenkohl 147, 158
Rosenweg 153, 156f.
Rosmarin 47, 48ff., 63, 66f., 147f.
Rothschild, Edmund 52
Rothschild, Miriam 7, 102ff.
Rotklee 26
Rousham 7
Royal Lodge, Windsor Great Park 52, 149f.
Rückschnitt 140, 144
Russell-Smith, Vernon 7, 81, 86, 107

S

Säckelblume 76
Salat 147, 156, 158
Salbei s. Salvia
Salisbury, Lady 7, 39ff., 58f., 102, 150
Salix s. Weide
Salvia 66f., 76, 78, 147f.
– S. confertiflora 147
– S. discolor 157
– S. involucrata 147
– S. leucantha 147
– S. mexicana 147
Samenernte 156f.
Sanctuary s. Heiligtum
Sandringham 154
Säulenvogel 23f.
saures Beet 52f., 73, 118

Savill Garden, Highgrove 86ff.
Savill Garden, Windsor Great Park 32, 86
Schachbrettblume 94
Schädlinge und Krankheiten 6, 39, 102, 154, 160, 163
Schafe 8, 16f., 105f.
Schafgarbe s. Achillea
Scheunen 35, 76, 78
Schilfbeet-Klärsystem 18, 19ff.
Schlüsselblume 16, 94, 101, 105
Schmetterlinge 8, 26, 65f., 106, 147
Schnecken 6, 154, 160, 163
Schneeball s. Viburnum
Schneeglöckchen 43f., 114
Schöterich 67
Schumacher, E. F. 160
Schwertlilien s. Iris
Schwingelgräser 105
Scilla 114
Scott, Jenny 93
Seerose 18, 149
Senecio 48ff., 51, 147
– S. greyii 38, 47, 147, 158
Serpentinenweg 75
Sewage Garden s. Klärgarten
Shipton Moyne 11
Sicherheit 40
Simpson, Mrs., Führerin 127
Skabiose 106
Skulpturen
– Bildhauereistudenten 88ff.
– Bronze-Huhn 52
– Gladiator 65f.
– Göttin des Waldes 118, 122
– Göttin Diana 143f.
– Göttinnen der vier Jahreszeiten 60
– Grüner Mann 147
– Klassische italienische 58, 60, 65
– Laurens van der Post 81
– Leon Krier 75
– Löwe 116
– Reliefs 3, 72ff., 143, 147f.,
– Säulenvogel 23f.
– Stahl-Hahn 31
– Steinlaterne 126
– Töchter von Odessa 141
Smith, Joe 132
Soldatenkäfer 109
Sonnenuhr 41

REGISTER

Sonnenuhr-Garten 39ff., 99
Sorbus thibetica ‚John Mitchell' 78, 81
Specht 52, 110
Spinat 156
Spiraea 76
Springbrunnengarten 63, 66f.
Stachys 76
Staines, Steve 73
Ställe 15, 21, 48, 70, 72, 78
Statuen s. Skulpturen
Stechpalme s. Ilex
Steinlaterne im japanischen Garten 126
Sternrußtau 163
Stiefmütterchen 44
Stockrosen 44
Storchschnabel s. Geranium
Strauchveronika 47
Stroh für den Kompost 35
Strohblumen s. Helichrysum
Strong, Sir Roy 7, 57ff., 88
Studentenblumen 102
Stumpery 94, 118ff.
Sumpfdotterblume 18
Sumpfschwertlilien 18
Sundial Garden s. Sonnenuhr-Garten
Swimming Pool 76

T

Tabakblumen 47
Taj Mahal 130
Tanner's Park 23
Taubenhaus 24f., 36, 55
Tausendblatt 18
Teiche
- Kutschenwaschteich 24ff.
- Wiesenteich 17ff.
Teichjungfern 25f.
Teichsegge, kleine 18
Tempel 94, 118ff.
Terrasse 36, 47ff., 58
Tetbury 16, 29, 67, 159
- Kirche St Mary's 8, 15, 16f.
Teufelsabbiss 105f.
Thames, Upper Thames Protection Society 19ff.
Thymian 47, 66f., 147
Thymianweg 4f., 36, 57, 62ff.
Töchter von Odessa 141
Töpfe s. Kübel
Topfschuppen 160
Tore und Pforten 15, 32, 43, 70ff., 86, 93, 99, 114, 130ff.,144ff.
Tradescant, John 39f.
Traubenhyazinthe 114
Trockenmauern 21, 144
Tulpen 47, 51, 78, 82, 84, 130, 132
- schwarze und weiße 43f., 98
- ‚Angélique' 84
- ‚Attila' 98f.
- ‚Black Parrot' 44, 84
- ‚Burgundy Lace' 98f.
- ‚Cottage' 83
- kaufmanniana 84
- ‚Negrita' 98f.
- ‚Queen of Night' 43f., 98
- ‚Spring Green' 39
- ‚The Bishop' 98f.
- ‚The Prince' 98f.
- ‚White Dream' 44, 84
- ‚White Tocoma' 44
Tulpenbaum 140
Tulpenweg 94ff.

U

Unkraut 6, 26, 35, 62f., 163
Upper Thames Protection Society 19ff.
Urne aus Sri Lanka 109

V

Van der Post, Laurens, Büste 81
Veilchen 43, 105
Verbena 66, 147
- V. bonariensis 67
Verey, Rosemary 7, 58f., 83ff., 114
Veronica 51
Verrier, Victoria 160
Viburnum 84, 86
- V. carlesii 114, 124
- V. carlesii ‚Aurora' 51
- V. fragrans 47
- V. tinus 114
- V. x bodnantense 47
Victoria Station, Säule 23
Villa d'Este 116
Villa Gamberaia, Florenz 144
Villandry, Schloss an der Loire 150ff.
Viola 43f., 51, 73
Vision für England 148f.
Vögel 6, 8, 26, 52, 110
Vogelmiere 105

W

Wachsblume s. Cerinthe
Wachteln 26
Wall of Gifts s. Mauer der Geschenke
Walled Garden s. Ummauerter Garten
Walnussbaum 17
Wasserknöterich 18
Wasserminze 18
Wasservergissmeinnicht 18
Wasserwegerich 18
Waterer, Jonathon 107
Wege 114
- Ammoniten 121f.
- Buchsbaumgarten 75
- Cottage-Garten 76, 78, 81, 83f.
- Gras 41
- Kies 39, 63ff., 147f., 153
- Kopfsteinpflaster 86, 88, 122
- Trittsteine 73
- Ummauerter Garten 147, 151
- Wildblumenwiese 98, 130
- Ziegel 151, 153
Weide 140
- babylonische 110
- Schilfbeet-Klärsystem 18ff.
- violette 44
- violette und orangerote 126
- weiße 44
Weideland 94, 102
Weidenkörbe 18f.
Weiden-Rankgerüste 18
Weigelie 78
Weihnachtskaktus 156
Weinbeere, japanische 144
Weißbuche, Hochstammhecke 55, 58ff., 65, 69
Weißdorn 81, 132
Werkzeugschuppen 35
Wermut 67

Westonbirt Arboretum 110, 134, 137
White, John 132, 134, 137f.
White, Kevin and Susie 65
Whiteland, Paddy 7, 31, 82, 153
Wicken 147, 151
Wiesenknopf 105
Wiesen-Pippau 105
Wiesenplatterbse 105
Wiesenstorchschnabel 105
Wildblumen 18, 102, 105ff.
- Highgrove-Samenmischung 105f.
- Vermehrung in Highgrove 105f.
Wildblumenwiese 2, 8ff., 16, 69, 89, 94ff., 130
Wildhyazinthen 101, 114
Wildkräuter 26, 102, 163
Wildzaun 31f.
William, Prinz 60, 83, 112, 160
Williams, R. 140
Wilson, David 132
Wiltshire Wildlife Trust 105
Windsor Great Park
- Royal Lodge 52, 149f.
- Savill Garden 32, 86
Winterblüte 47
Wintergoldhähnchen 26
Wolfsmilch 121
Women's Institute 155
Worshipful Company of Fruiterers 153
Wucherblume 11, 16, 105
Wynne, David 118, 122

Y

Yatman, Hamilton und William 16
Yorkshire fog, Gras 105

Z

Zeder s. Libanonzeder
Zierkirschen 71, 93, 134ff.
Ziest 76
Zilpzalp 26, 52
Zitrone 156
Zucchini 160
Zwiebel, ‚Stuttgarter' 158
Zypressen 86

Seite 2: Blick auf Highgrove über die Wildblumenwiese im Frühling.
Seite 3: Die Maske des Grünen Mannes an der Mauer beim Eingang zum Cottage-Garten
Seite 4-5: Blick vom Thymianweg zur Rückfront des Hauses.

Titel der englischen Originalausgabe:

H. R. H. The Prince of Wales
and Candida Lycett Green
THE GARDEN AT HIGHGROVE
erschienen bei Weidenfeld & Nicolson, 2000
ISBN 0 297 82544 5
Copyright Text © A. G. Carrick Limited, 2000
Copyright Fotos © A. G. Carrick Limited, 2000
Copyright Design und Layout © Weidenfeld & Nicolson, 2000

Die Deutsche Bibliothek – CIP-Einheitsaufnahme

DER GARTEN VON HIGHGROVE / S. K. H. der Prinz von Wales
und Candida Lycett Green. Fotogr. von Andrew Lawson
und Christopher Simon Sykes. Aus dem Engl. übertr. von
Wiebke Krabbe. – Herford : Busse Seewald, 2001
Einheitssacht.: The garden at Highgrove <dt.>

ISBN 3-512-03235-4

Deutsche Ausgabe:

© Verlag BusseSeewald GmbH, Herford 2001
Übersetzung: Wiebke Krabbe, Damlos
Redaktion: Marianne Menzel, Michelstadt
Herstellung: Richard Brüll, Vlotho
Satz: BusseDruck, Herford
gedruckt und gebunden in der Europäischen Union

ISBN 3-512-03235-4